产教融合视域下
高校教育管理模式探析

高天烨◎著

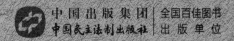
中国出版集团
中国民主法制出版社

全国百佳图书
出版单位

图书在版编目（CIP）数据

产教融合视域下高校教育管理模式探析 / 高天烨著. —北京：
中国民主法制出版社，2024.5
ISBN 978-7-5162-3666-6

Ⅰ.①产…　Ⅱ.①高…　Ⅲ.①高等学校—教学管理—管理
模式—研究—中国　Ⅳ.① G647.3

中国国家版本馆 CIP 数据核字（2024）第 094923 号

图书出品人：刘海涛
出版统筹：石　松
责任编辑：刘险涛　吴若楠

书　　名 / 产教融合视域下高校教育管理模式探析
作　　者 / 高天烨　著

出版·发行 / 中国民主法制出版社
地址 / 北京市丰台区右安门外玉林里 7 号（100069）
电话 /（010）63055259（总编室）　63058068　63057714（营销中心）
传真 /（010）63055259
http：// www.npcpub.com
E-mail：mzfz@npcpub.com
经销 / 新华书店
开本 / 16 开　787 毫米 ×1092 毫米
印张 / 12.5　**字数** /201 千字
版本 /2025 年 2 月第 1 版　　2025 年 2 月第 1 次印刷
印刷 / 山东蓝彩天下教育科技有限公司

书号 / ISBN 978-7-5162-3666-6
定价 / 78.00 元

前言

国家发展改革委等部门关于印发《职业教育产教融合赋能提升行动实施方案（2023—2025 年）》的通知中指出，统筹推动教育和产业协调发展，创新搭建产教融合平台载体，持续推进产教融合建设试点，完善落实组合式激励赋能政策体系，将产教融合进一步引向深入。实施产教融合政策，引导企业深度参与职业院校专业规划、教材开发、教学设计、课程设置和实习实训，使得学校培养的人才更契合企业的实际需求并逐步形成教育和产业统筹融合、良性互动的发展格局。

教育的目的是为社会服务，为社会提供发展需要的人才。产教融合是新时期高职、高校人才培养模式改革和信息化时代的要求，产教融合是高校教育价值、社会价值和经济价值的集中体现，是实现校企"双赢"、全面提升的重要手段和有效途径。近年来，随着产教融合政策的不断推进，一些高职院校通过完善制度建设、优化课程设置、创新办学模式、打造双师团队等，加大了对学校教育的市场适应度，也为教育改革提供了借鉴，同时它也是促进教育链、人才链与产业链和创新链有机衔接的立足点，是高等教育支撑中国式现代化建设的着力点。

在产教融合的视域下，高校教育管理模式必须进行改革。应该以就业为指挥棒找准专业定位，主动调整专业布局，培养"双师型"教师，与企业合作合力开发课程体系，开设市场急缺的专业，面向市场需求，加强对学生的市场化培养，还要调整办学机制，吸引企业参与学校的课程设置，实现协同育人，个别有条件的高校可以创办校办企业，打破学校和社会之间的壁垒，给与学生更多实践和实习的机会。学校的科研机制也要随之调整，重视科研成果转化，为成果转化创造条件和平台。

本书详细论述了在产教融合的背景下高校教育管理模式的问题。首先对产教融合的概念与发展进行简要概述，介绍了产教融合相关构想的界定、产教融合的相关理论基础、产教融合的功能与作用及社会主义市场经济对产教融合的影响等，然后对产教融合视域下高校教育管理实践的相关问题进行梳理和分析，包括产教融合视域下的高校教学管理、产教融合与高校教学管理一体化以及产教融合视域下高校教学管理工作、高校就业创业管理、高校教学综合管理，等等。

本书论述严谨，结构合理，内容丰富，也能为当前产教融合视域下的高校教育管理模式相关理论的深入研究提供借鉴。

在本书撰写的过程中，我们得到了很多宝贵的建议，谨在此表示感谢。同时参阅了大量的相关著作和文献，在参考文献中未能一一列出，在此向相关著作和文献的作者表示诚挚的感谢和敬意，同时也请对撰写工作中的不周之处予以谅解。由于作者水平有限，编写时间仓促，书中难免会有疏漏不妥之处，恳请专家和同行不吝批评指正。

目录

第一章 产教融合的理论基础

第一节 产教融合相关构想的界定

一、产教融合

（一）产教融合的含义

产教融合的相关构想是一个从无到有、从模糊到具体的过程，这符合事物发展的一般规律，也更加符合教育发展的规律。我国的一些学者对产教融合进行了专门的整理和研究，但是由于缺乏一手材料，所以这些研究所取得的成果非常有限，仅仅是用时间的顺序对产教融合的发展进行了简单的梳理。在我国教育体系中，产教融合的两个主体是学校与产业行业，通过产学研一体化的深度合作，可以提高人才培养的产教融合的水平，从而实现双赢。在传统的人才培养中学校也非常重视校企之间的合作与协同培养，但是校企合作的层次有限，无法实现深度的人才培养和发展。产教融合与校企合作的最大区别主要还是在于双方合作的程度，产教融合的形式多种多样，其最核心的就是双方要形成稳定、高效和深层次的合作关系，通过提升人才培养的产教融合的水平促进企业发展和办学实力的提升。不论是哪种形式的产教融合，最终都会提升学生的个人素养和就业能力，企业也因此获得了更多宝贵的人才，缩短了人才与企业之间的磨合期，最终所能产生的连锁效也会不断助推区域经济向前发展，从而实现共赢。产教融合让越来越多的用人单位和高校看到了机会和希望，其也非常愿意参与到其中，所以产教融合的发展也逐渐进入了快车道。

回到产教融合的相关构想上来，传统的产教融合指的是职业院校把所开设的专业进行社会主义市场经济的产业化发展，把产业发展的经验和技术引入教学之中，通过产业与教学之间的融会贯通来强化学校和企业之间的合作关系，从而优化传统的办学模式，越来越多的高校也在探索产业引入专业，所以上述相关构想中的职业院校可以扩展为高等学校。但是职业院校和高等学校的产教融合又存在着比较大的差异，就是职业院校的产教融合进行得更加彻底和全面，也更容易获得企业的认同，高等学校在发展产教融合方面存在一定的弱势，这主要是由不同层次的教育目标所导致的。

产教融合对于学生、学校、产业和社会来说是一个多方共赢的机制，尤其是对于学生来说，既能够提升专业能力又能够为以后立足社会提供保障。传统的职业院校虽然给学生提供了实习的条件和场所，但是由于各种条件的限制导致了实习缺乏针对性和激励性，产教融合中有大量的实习、实践机会，而且这种实践是经过专门设计的，有针对性，并与在校期间所学知识融会贯通的实践。传统的职业院校学生实践的一个很大弊端就是缺乏针对性，这导致了学生的所学与所用之间无法实现无缝对接，而产教融合能够弥补传统实践存在的缺点。

产教融合的学生实践就是把课堂所学到的知识应用到实践之中，在课程设计上就存在着对应性，这是一个非常好的现象。产教融合会涉及每一门课程，从专业培养目标入手，学校与企业在充分合作的基础上共同制定培养目标以及课程标准，所涉及的骨干课程均是理论与实践高度相结合的，这就可以让学生带着问题学知识，并且在实践中解决问题，形成了一个遇到问题、解决问题的良性循环。通过产教融合培养出来的学生，在动手能力和解决问题能力的方面具有更强的优势，他们可以更加灵活地对问题进行分析并且选择合理的方式进行解决，这种人才培养模式的改变还在很大程度上改善了学生的三观，从而培养出更多能够为建设社会主义服务的优秀人才，不仅如此，产教融合还会激发出学生创造、创新的愿望和热情，激励他们在实践中不断探索、不断创新，而这种创新意识、创新能力和创新人才的培养正是我们职业教育的办学方向。

产教融合不仅可以让企业参与其中，而在有条件的学校，其也可以自己创办企业，以学生为主体进行发展，学生在整个过程中可以取得一定的报酬，这客观上也为学生工读结合与勤工俭学创造了条件，还能够解决贫困学生的学费和生活费用问题，为精准扶贫提供支持和保障。

产教融合在更大层面上能够为助推地方经济发展提供专门的服务，因为我国的职业院校多为地方性的，其最主要的作用就是服务于地方经济的发展。我国当前的职业教育是以就业为导向的教育，在社会主义市场经济制度之下，主要以培养技能型人才为主要目标，技能型人才的特点非常明显，培养的是生产、建设、管理和服务第一线所需要的高技能人才，这类人才具有鲜明的职业性、技能性、实用性等岗位特点——简单地说就是工作在第一线，懂技术、会操作、能管理的技术员。

产教融合的培养思路也正是在上述背景之下产生的，为了满足需求而改进相应的教育策略，这是我国教育不断改革、发展和完善的重要体现，也应当受到更加广泛的关注。产教融合的重要参与对象是企业，在融合的过程中要格外注重对企业需求的满足，只有充分调动了企业的积极性和资源才能实现产教融合效果的最大化，当前进行产教融合的企业多数为生产制造型企业，这对学校提出了新的要求，学校也应该针对企业所需的产品与技术进行开发，以实现学校培养人才、研发产品和技术服务的三大功能。为使企业需求与学校教学无缝衔接，与技术发展的方向合拍，就必须依靠和吸收企业技术骨干与学者专家参与培养目标的研讨、教学计划的制订。产教融合的基础是"产"，即必须以真实的产品生产为前提，在这样的基础和氛围中进行专业实践教学，学生才能学到真本领，教师才能教出真水平，这样的"产"不能是单纯的工厂生产，必须与教学紧密结合，其目的是"教"，在产教融合比较成熟的情况下，再逐步向"产、学、研"发展。学校真正形成了"产、学、研"的能力，职业学校也适应了市场的需要，形成的发展能力就落到了实处，做强做优也就有了基础。

目前已经有的产教融合主要是根据学校和企业的情况双方进行深度融合，正如前面所提到的全社会还没有形成一套完整的、可以通用的经验，对已经完成的调研总结出当前教育界比较常用的一些做法。产教融合的发展实际上是经历了一段时间的摸索，学校和企业在探索中寻求最佳的解决途径，在产教融合中学校和企业始终坚持"双赢"原则，实施责任共担，这就形成了一种具有约束力的制度保证。一些比较主流的做法就是引入社会上管理和技术较为先进的企业，如果企业愿意加盟校企合作，通过利用该校的设备，进行产品生产，并在生产过程中引入教学内容，校企共同制定产教融合的实施性教学生产计划，让教师学到技术，让学生加入生产，让生产产生效益，让学校和企业共同发展，共生共荣。

改革开放以来，我国的社会主义市场经济取得了非常大的进步，经济的进步和发展对我国的高等教育产生了具有深远意义的影响，这种影响包括为我国高等教育提供了很好的校企合作环境、为高校毕业生提供了工作和实习场所，也为高校培养了大量的双师型教师。当然，经济的进步对职业教育的影响远不止如此，实际上中国经济产教融合水平的提升就是依靠人才素质的不断提升而实现的。

在经济发展的大背景之下，应用型本科也应运而生，并且加入了高等教育的大家庭，在实践型人力资源理念的指导下，培养合格师资的任务将会更加艰巨。应用型本科要想实现发展目标，就要提升校企合作的产教融合的水平和增加校企合作的数量。经济的发展和社会的进步对教育提出了更高的要求，这种要求主要体现在对人才产教融合水平的要求不断提高，应用型本科要能根据社会经济发展的需要，灵活调整人才培养方案，提供可供经济社会发展需要的社会服务，并能开展科学技术研究，为相关行业提供前沿的技术指导，为社会经济的发展提供技术支持。总之，应用型高校要不断调整自身的发展适应经济发展的需要，并且争取成为经济发展的助推力量，正是基于此，在社会主义市场经济背景下，高等职教育"产教融合"是一种产、学、研"三位一体"的融合模式，不仅具备教育和企业的多种功能，还具备随时应变产业结构的调整和参与市场竞争的能力，是在学校、企业、行业以及社会相关部门不同程度的参与下形成的一种新的社会组织结构，并肩负着助推高等教育改革和社会经济发展的重任。从这个角度来说，产教融合的发展在很大程度上会影响经济发展，进而也会影响两个一百年目标的实现。

（二）产教融合的特点

产教融合在国内和国外经过了多年的发展并取得了一些经验，在梳理国内外产教融合发展经验的基础上可以总结出其所具有的一些特点，通过文献梳理和国际经验的对比可以发现德国的双元制、美国的合作教育模式以及英国的工读交替模式都非常值得学习。我国在产教融合方面也取得了一些成绩，早期的产教融合以校企合作的形式存在，其中几个典型模式分别是"学院＋创业中心区""专业＋大型企业""专业＋龙头企业＋企业联盟""专业＋校办企业"和"专业＋行业协会"等，上述五种模式都是职业院校结合当地经济发展而创造出来的，具备了初步的产教融合特性。

这些模式都不同程度地促进了高等教育的发展和产教融合的深入，但主要侧重于产学结合，结合的内容没有达到"产教融合"的广度，也没有体现高等教育的高度和校企合作的深度，整体生态也不能达到"产教融合"的效果，其成功经验也难以推广和复制。本人在以往的研究中，曾经提出过"四位一体"技术平台的校企合作模型，其基本上具备了"产、学、研三位一体"的功能，但是当初的研究仅限于在职教集团背景下，并没有将其纳入社会主义市场经济背景下来开展研究，也难以适应社会主义市场经济发展变化的需要，研究的学校也仅限于职业教育的中专和专科层面，并没有将应用型本科纳入其中。为适应社会主义市场经济中产业结构的不断调整和变化，高等教育的"产教融合"必须是行业、产业、企业和专科以及应用型本科院校等多方主体活动特点的融合和体现，并具有新的特质和功能。

1. 立体式融合

社会主义市场经济追求的是多元化，产教融合服务于社会主义市场经济，所以其发展的路径也必然会受到社会主义市场经济的影响，产教融合在发展中也更加注重立体式的融合。立体式融合区别于平面融合，从融合的层次来说，校企合作属于层次比较低的融合，也就是平面融合，产教融合是高层次的融合，可以说是立体式的融合，它打破了原有单一合作或双项合作的局限，在产、学、研三方面进行全面、深入的合作，融合后的组织结合了生产、教学和科研的特点，不仅其自身是生产的主体，具有企业创造经济效益的功能，而且能提供产业发展需要的专业技术人才，并为产业的可持续发展提供源源不断的智力支持。通过对比产教融合培养出来的人才与传统模式培养出来的人才，就可以发现二者存在着比较大的差异，产教融合模式下培养出来的人才具备更强的可持续发展能力，从另一个角度来说，企业的需求也能为学校的教育教学改革提供方向和目标，保证了高等教育能满足行业的需要。融合的组织能科学配置内部资源并开展基础研究、应用研究和开发性研究，为产业发展提供有力的技术支持，也为学校教育内容的更新提供最前沿的信息资源，保证了教育与时俱进，三者融合在一起，形成一个良性的循环体系，开展教学、科研、生产等服务活动，在促进内部发展的同时，不断向外辐射，以发挥其更大的社会效应和作用。这种立体式的融合对于经济发展和社会进步都有着非常重要的助推价值，反过来也促进了教育的发展和进步。

2. 社会主义市场经济产业化发展的融合

社会主义市场经济产业化发展是指某种产业在社会主义市场经济条件下，以行业和企业的真实需要为导向、以实现效益为目标以及依靠专业服务和产教融合的水平管理形成的系列化和品牌化的经营方式和组织结构，其基本特点是面向市场、行业优势、规模经营、专业分工、相关行业配合、龙头带动和市场化运作，对于不符合市场需求的项目，要遵循市场进退机制，及时终止不必要的投入，以避免产教融合运作过程中机制的片面性。所以，社会主义市场经济产业化发展的产教融合是一种面向市场需求的融合，在产、学、研三方面做大做强，分工合作，强强联合，能创造出良好的市场发展前景，并具备其他组织无法复制的竞争优势，以形成自己的品牌，在市场中具备核心竞争力，并且能形成一定的规模，带动其他合作项目不断深入的开展，严格按照市场规律来开展活动。

3. 以企业需求为出发点

教育是以培养人才为主要目标的，早期的教育在人才培养中不是十分注重与企业之间的对接，产教融合在培养目标的方面领先于传统的教育，产教融合的出发点是企业的需求，企业参与到人才培养的全过程之中，能够将自身的需求以最大化的形式表达出来，并且在课程设计中逐个满足。真正实现产教融合的组织，能够以企业、学校和相关合作部门的需求为前提，并结合各种市场正在发生的变化，明确市场的供需状况，确定各自的实际需求，寻求利益结合点并开展相关合作，在满足自身需求的同时，能为市场的供给和需求的均衡做出一定的贡献，并能根据供给和需求的均衡变化，调整自己的需求发展战略，这样不仅解决了合作的随意性和被迫性问题，也提高了合作双方的积极性与主动性。

4. 多主体管理的融合

产教融合就是一个重新确立组织主体地位的过程，也是在社会主义市场经济条件下，产教融合活动获得法治保障的关键要素。以往很多的校企合作活动难以实现产教融合的关键原因，主要还是在于没有明确各个主体之间的权利和义务关系，关系的不明确导致了合作的问题，从而影响了校企合作的发展。产教融合的主体正在悄然之间发生着变化，已经从学校转移到了企业和行业，这种变化既与当前的社会发展有关，也与教育的进步有关，正是基于此，在有效的产教融合组织中，学校、企业、政府和行业协会等分工合作、共同管理，在开展任何活动之前，都应明确各自的权利和义务，并对其后果承担最终的法律责任，这样不仅可以增强企事业单位对此项工作的责任意识，发挥其主人翁地位，也可以让学校和合作单位在此项活动中的管理工作更为合法、有序，避免了产教融合管理工作的零乱性。

二、实践型人力资源

实践型人力资源是根据社会发展的需要而出现的新生事物，实践型人力资源主要是指能将专业的技能和专业的知识应用于所从事工作的一种具有更强动手能力的人才，实践型人力资源需要熟练掌握企业工作所需要的基础知识和基本技能，实践型人力资源主要是指一线从事操作的专业技术人才，主要从事一线生产的技术或专业人才，其具体内涵是随着高等教育历史的发展而不断发展的，总之，实践型人力资源是具有实际技能的人，也是能把理论应用于实践的人才。实践型人力资源的培养要以能力的培养为中心，突出培养每个学生的思考、掌握与应用知识的能力为主要方针，以让学生适应未来社会的需要、适应经济发展为主要目标。地方工科院校中的实践型人力资源指的是使用型比较强的、大众化的与本科层次的技能人才。按照行业领域、学科专业、教育层次、岗位职位等不同的分类标准，可以将人才划分为不同的类型，我们把从事揭示事物发展客观规律的科学研究人员称为研究型人才，而把科学原理应用到社会实践并转化为产品的工作人员称为应用型人才，这种人才的能力体系也是以一线生产的实际需要为核心目标的，在能力培养中特别突出对基本知识的熟练掌握和灵活应用，比较而言，对于科研开发能力就没有了更高的要求。实践型人力资源的培养过程更是强调与一线实践知识的传授的结合，更加重视实践性教学环节，如实验教学、生产实习等，通常将此作为学生贯通有关专业知识和集合有关专业技能的重要教学活动，而对于研究型人才培养模式中特别重视的毕业论文，一般就不会有过高的要求。实践型人力资源和其他人才相比，属于一种中间人才，既有一般人才应具有的理论知识，同时又必须有较强的理论技能，这样的要求是比较高的。

与其他类型的人才培养模式相比较，实践型人力资源的培养模式主要有以下两个特点：

第一，这种人才的知识结构是围绕着一线生产的实际需要加以设计的，在课程设置和教材建设等基本的工作环节上，特别强调基础、成熟和适用的知识，而相对忽略对学科体系的强烈追求和对前沿性未知领域的高度关注。

第二，构架出一套完善的人才知识、思维、能力和素质全面发展的结构，优化专业教学计划，整合学科教学内容，为我国培养出更多、更出众的一专多能型实践型人力资源，同时，不同层次的实践型人力资源在培养定位上也是不同的。

总之，实践型人力资源主要是应用知识而非科学发现和创造新知，社会对这种人才有着广泛的需求，在社会工业化乃至信息化的过程中，社会对这种人才的需求占有较大比重，应该是大众化高等教育中必须重视的人才培养模式，也正是这种巨大的人才需求，才为高校的发展提供了广阔的空间。这种人才同样需要经历一个复杂的培养过程，同样也能反映一所学校的办学水平。

此外，高校注重产教融合的水平和达到的高度的原则不仅体现在高校自身专业设置、教学层面与管理产教融合的水平等微观方面，还体现在高校在宏观上将产教融合办学模式提高到一定层次，提高为学生、行业企业、政府及社会经济发展服务的能力，同时，不能不顾实际，盲目地与企业合作，为了产教融合而产教融合。高校要避免片面追求合作行业企业的数量、合作的规模以及合作的速度等短视行为，应在保持自身优势资源和提高自身产教融合的水平的同时，注重提高与行业企业、商业协会以及培训机构等多方主体合作的产教融合的水平及合作的深度，注重与地方政府、行业企业、商业协会等主体形成互利共赢，注重可持续和长远发展，并注重兼顾社会效益和经济效益的合作关系。

三、产教融合生态圈

产教融合生态圈是一个创新之处，主要在于把产业、教育、社会发展等相关利益群体融合到一起，从而构建出一个全新的事物，即产教融合生态圈，这一生态圈的构建有利于助推整体教育水平的提升。

生态圈即生物圈，在整体生态中，不同物种在物质形态上以群体的形式共存于整体生态的大环境中，群体之间构成特定的关系链条，在这个圈内按一定的规划实现相互储存。产教融合生态圈是指高等院校以自身为主体，在地方政府的支持下，围绕地方产业经济的发展，积极与地方工业园区开展深入的战略合作。地球上所有的生物与其环境的总和就构成了生物圈，生物圈是所有生物链的统称，它包含了生物链上的所有生物、生态环境和生态系统等，又分为森林生态系统、草原生态系统和湿地生态系统等。生态圈具有可持续性、相对稳定和自动平衡等特性，产教融合生态圈的构建有利于教育水平的进步，需要多个部门的协同参与，通过政府部门的统筹参与，一方面为高校进行校企合作搭建平台，另一方面为企业参与校企合作出台更多鼓励政策。在此过程中，高校为地方区域经济发展提供智力驱动，企业为区域经济发展提供经济驱动。通过校企合作，高校人才培养产教融合的水平得以提高，学校抓住市场的脉搏，形成办学特色，同时也使更多的社会资源转化为教学资源；企业急需实践型人力资源的缺口得到填补，企业经济效益得以提高；区域经济得到较好发展，地方政府经济实力得到较好提升；促使学校与企业开展更深入与全面的各种类型合作，构建一个稳定、持续和高效的合作关系，从而形成一个共生共赢的产教融合生态圈。

四、产教融合的构建原则

产教融合的发展已经逐渐由萌芽发展成了一个成熟的制度，产教融合制度包括了教育、经济、产业和社会发展制度，这些制度只有协同发展才能发挥最大的效应。成功的产教融合制度将构建政府、学校和社会三方新型合作与成长的关系，通过这种协同促进形成政府对产教融合进行宏观管理、高校能够自主办学、社会广泛参与的全新产教融合格局，支持社会、行业和企业以资本、知识、技术、管理等要素参与举办职业教育，从而建立健全政府主导、社会参与、办学主体多元、办学形式多样以及充满了蓬勃生机的高校教育办学体制，具备政府、行业、企业和高校等多方主体协同融合，推进校企全过程培养人才的特点。根据产教融合的特点，高校构建高校的大学生双创教育机制应遵循以下原则：

（一）多主体原则

产教融合需要多个主体参与其中，这个原则已经被证明为一个非常重要的原则。高校实施的大学生双创教育涉及政府、学校、行业与企业、学生与社会五大主体，他们在产教融合中实施职业院校的大学生双创教育承担相应的职能，双创教育也是一个重要的主体，参与到产教融合之中，助推了产教融合的向前发展。全社会要通过舆论的倡导和创业文化的弘扬，促进整个社会民众的心理意识、思想观念、行为准则、习惯以及价值观的转换，同时，让社会力量参与高校的大学生双创教育督导的评估工作，形成全社会的推进合力。作为推进校企一体化协同育人模式的另一个执行主体，它们应该与高校对接，形成两个执行主体的合力，要改革校企共建的就业前实践的专门基地建设机制，从资金、设备、场地上为高校大学生创业实践提供硬件条件，使其在现代企业管理的真实环境中掌握社会主义市场经济运作的技术，并在职业技能培养中同步培养创业素质。在高校教育产教融合中，注重培养产教融合的水平原则，包括注重高校自身人才培养产教融合的水平和产教融合培养产教融合的水平，高校人才培养产教融合的水平影响着培养产教融合的水平。

第一，政府是高校大学生双创教育的领导和管理主体。高校的大学生双创教育发展是否顺利在很大程度上取决于政府的支持与助推，正是基于此，国家在宏观层面上政策引领、措施落实、监督和服务体系的搭建都是非常重要的，必须通过出台法律、法规和政策来引导支持和促进职业教育与行业企业深度融合，发展职业院校的大学生双创教育。

第二，学校是高校大学生双创教育的主要执行主体。高校发挥着为社会提供创业创新人才历史重任的主导作用，也承担了高校大学生双创教育最重要的角色和职能。

第三，行业和企业是高校大学生双创教育的对接主体和受益主体。具有创业创新素质的高端技能人才，将有力地提升生产力，助推产业创新和转型升级，提高企业的竞争力和效益，最终使行业和企业收益。

第四，学生是高校大学生双创教育的学习主体和受益主体。

第五，社会是高校大学生双创教育的参与主体和监督主体。

（二）自组织原则

产教融合的发展在探索时期主要是依靠学校和企业的自组织发展，在这样的发展过程中，自组织发展逐渐成为一种共识，自组织是指客观事物自身的结构化、有机化、有序化和系统化的过程。职业院校的大学生双创教育各实施主体开展的高校大学生双创教育包含自组织行为，具有自组织演变的特性，政府只有在逐渐意识到产教融合发展需要进行调控的时候，这种自组织原则才逐渐被打破。在高校教育产教融合的过程中运用产教融合的水平原则，用符合性、适用性及经济性三个层次去检验产教融合人才培养产教融合的水平情况；用符合性检验人才培养与市场用工需求间的匹配程度；用适用性检验所培养的人才是否适应与行业企业相应岗位的具体工作；用经济性检验人才将创造的经济效益情况。

（三）协同性原则

与自组织原则相对应的就是协同性原则，产教融合在探索阶段主要依靠的是自组织，随着发展的深入，各个利益群体需要进行协同发展，因此，协同性原则便应运而生。我们要借鉴协同教育理念，探索政府、行业与用人单位和高校之间整体与部分以及各要素或子系统间的协同作用，以增强职业院校的产教融合多主体协同性。协同开展高校的产教融合的关键是协同五个主体尤其是政府、行业与企业开展高校的产教融合的积极性和主动性，政府要完善法规政策，强化制度的约束力和系统的政策激励；高校要不断提升服务社会的能力，增强协同行业和企业全方位支持和参与其高校的产教融合的吸引力，提供更多的合作桥梁和纽带；行业和企业要以人才培养为己任，突破仅限于学校主体资源要素利用的协同瓶颈，积极参与扶持校企协同开展高校的产教融合，为学校开展高校的产教融合提供更多资源平台和合作空间；全社会都要强化对高校的产教融合意义的宣传，提高全社会包括大学生对高校的产教融合的认知度和参与度，要协同目的、协同内容、协同资源、协同时间、协同各主体的责任和成果分担，从而构建政府的有效宏观管理、行业与企业主动对接、社会广泛参与、学校主导以及学生执行的职业院校的产教融合机制。

产教融合的水平是组织机构、体制机制等事物发展的根本前提和动力。在评价事物产教融合的水平时涉及符合性、适用性及经济性三个层面，高校也只有提高教育教学产教融合的水平，提高毕业生社会影响力，才能提高自身社会地位，吸引行业企业参与，提高高校教育产教融合的合作深度。

（四）共享性原则

如今，共享经济已经成为社会经济发展的重要组成部分，共享性原则也成为产教融合的重要原则。产教融合和产学合作开展高校的大学生双创教育，共同培育创新创业人才，国家、学校，行业与企业、学生都是受益者。要注意发挥市场对资源配置的作用，建立政府激励机制、互惠互利的动力机制和共生发展的利益分享机制，使各主体做到责任共担、利益共享，助推职业院校的大学生产教融合的有序发展。产教融合是现代职业教育的重要特点，也是建设现代职业教育的非常重要的制度，从"产学融合"到"产教融合"，描述了我国产教融合向深度和广度发展的趋势，为创新职业院校的大学生双创教育机制提供了宽广路径。

在一定程度上，高校教育人才培养是否具备"市场性"以及是否符合市场发展需求成为评判高校教育教学产教融合水平的标准之一。明确国家相关部门、行业协会、大型职教集团、企事业单位在合作开展高校大学生双创教育中的主体地位，赋予它们参与管理的权利和责任，组织媒体宣传国家支持和鼓励创业的政策与对策，大力宣传开展高校大学生双创教育的先进典型，形成全社会尊重创业、认同创业和参与高校的大学生双创教育的意识。高校应在现有传统职业教育课程的基础上，突出和强化大学生双创教育的理念和内容，以系统方法论为指导，以培养学生综合职业能力和可持续发展能力为培养目标，将高校课程划分为基于工作过程和基于社会生活两大部分，把高校的大学生双创教育作为一种人才培养制度在顶层设计上加以定位，系统构建产教融合实施职业院校的大学生双创教育的国家制度。产教融合的实质是教育与产业的融合，政府和市场是助推产教融合与学校和企业合作的两大基本力量，正是基于此，助推产教融合制度下的高校的大学生双创教育，要发挥政府的主导作用，尊重市场在学校和企业合作中起决定作用的规律，在组织领导体制的建设上，要改变教育行政部门单一推行高校的大学生双创教育的管理制度和模式，借鉴国家多部委联合推进就业工作的领导体制，打破行政部门间壁垒，争取行业部门和政府部门的支持，自上而下建立产教融合推进高校的大学生双创教育相关部门协调联动的组织架构。专业教育与高校大学生双创教育的融合，是两种教育目标的融合，并集知识教育与素质教育于一体，其契合点是学生创业素质和职业技能培养并重，建设和完善高校的大学生双创教育与专业教育融合一体化的课程体系具体如下：

一是构建基于社会生活的素质教育课程体系，完成通识教育，将高校目前以选修课形式出现的创业课程融入到素质教育的公共课程之中，以学生职业岗位将面临的典型社会生活的问题、情景、事件、活动和矛盾为内容，开设生活通识与通用技能类课程、就业创业类课程、审美和人文类课程、身心健康类课程以及思想政治类课程。

二是构建基于工作任务导向的专业课程体系，将创业要素融入到专业课程目标，根据学生工作面临的典型工作任务的对象、工具、方法、组织和要求，开设公共平台课程和专业方向课程，从而形成包含高校大学生双创教育的素质教育与专业教育一体化的新型高校课程体系，最终达到提升学生综合职业能力和可持续发展的目的。学校和企业共建校内产学的合作平台，一般都有学校和企业合作的背景，老师或企业带训人员都有创业实践经验。

高校的大学生双创教育实践教学只有根植于专业教育的实践，并在专业实践中映射高校大学生双创教育，才能真正实现两种教育在实践环节的结合。要发挥市场在资源配置上的调节作用，引导学校和企业发现培养高校大学生双创教育合作的利益共同点，助推产教融合开展高校大学生双创教育从现在的感情机制向市场利益机制的转变，从而建立长效合作机制，逐步使行业和企业成为实施高校大学生双创教育的另一个主体。

目前，校外专业实训平台需要加强向高校大学生双创教育的渗透。当前高校均与企业签订合作育人协议，合作中的就业前实践的专门基地一般只作为学生短时间的就业前实践场所或以就业为目的的岗位实操场所，学生只能接触与专业技能相关的实训，学生创业实践无法在校外实训中落实。在构建高校大学生双创教育实践教学体系的过程中，要改变传统的以高校第二课堂为主没有系统性的实践教学模式，以产教融合、学校和企业结合为依托，从行业、专业和地域特点出发，以培养具有扎实创业知识、较强创业实践能力和创新创业精神的创新型技能人才为目标，将人才培养与社会服务及产品设计开发紧密结合，将教学过程与项目实施过程融于一体，将学生的专业实践和创业实践融合，构建"一线三平台"学校和企业协同的高校大学生双创教育实践模式。"一线"是以岗位职业能力为主线，"三平台"是校内实训平台、学校和企业共建的校内产学合作平台企业驻校研发中心以及教师工作室、学生创业工作室等和校外实践平台的三级平台，为学生优质就业、成功创业铺平道路。在校内实训平台建设中，要改变开设商业一条街和创业实践训练项目游离于学生专业实践单一的做法，不能将高校大学生双创教育活动简单的与第二课堂活动画等号，要在第一课堂专业实践教学中增强创业实践活动与学生各自专业教育的关联性和相容性，将专业实践向创业实践延伸，创新人才培养模式，对于有创业意愿的学生，学校负责提供项目来源、教师技术指导和免费办公场所等支持建立创业工作室，挂牌后参照公司的模式由学生独立运作。此外，基于市场性出发，高校教育产教融合的发展过程应是高校与行业企业等多元主体间资源的相互利用和相互依赖的过程，高等院校与行业企业等多元主体间应基于互补性稀缺资源，形成互利互惠、相互依赖和共同发展的良性动态互动关系。在产教融合制度下，政府应加强宏观管理，改革就业前实践的专门基地建设机制，改变创业孵化基地建设与高校就业前实践的专门基地建设两张皮的现象，鼓励行业龙头企业将最新技术和设备投放到学校和企业共建的实训平台，同时担负起创业孵化平台的责任，使其既服务于产业链企业又服务于同类职业院校，既服务于高校的专业教育又服务于高校的大学生双创教育，积极构建良性运转的区域性资源融合平台，创新就业前实践的专门基地投入方式，对行业企业投入到实训平台的技术和设备给予适当的经费奖励，完善健全产教融合培养具有创新创业素质的高端技能型人才机制。产教融合、学校和企业协同建立高校大学生双创教育与专业教育融合的校外实践平台，是高校开展高校大学生双创教育的重要保障机制，在推行项目教学、案例教学、工作过程导向教学等模式中，培养学生的创新创业素质和专业技能。正是基于此，要推进学校和企业全过程的培养人才，创新岗位实操方式，高校在与企业签订就业前实践合作协议时要与企业共同制订完善的培养计划，注重利用企业资源，增加学生企业经营运作的知识和技能，明确培养学生创业素质的路径和实施办法，确保学生在获取职业实践经验的同时，同步提升创业素质。学校和企业要协同建立各平台对工作任务或项目实施的规范、监督和信息反馈与评价的机制，实现人才培养模式的升级，正是基于此，高校应在行业企业等多元主体利用和依赖高校设备与学生等优势资源的同时，对企业、商业协会、政府等相关部门的优势资源加以利用，如利用人力资源与社会保障局的统计数据，借助第三方机构分析劳动力市场的人才需求情况、高校人才与市场需求相匹配情况，预测未来人才需求情况，实现产教融合的水平和达到的高度的提高，实现合作关系的持久开展，实现"产""教"的共同发展。

目前，以高校的创业中心为主要依托，已重点建设了一批"高校学生科技创业实习基地"、省市级大学生创业实习和孵化基地，高等学校也陆续建立大学生创业实习或孵化基地，但还处于起步阶段，这些基地的建设以政府和高校自身投入为主，还没有形成行业和企业参与的机制，产教融合度低，基地的辐射示范作用发挥的不充分。作为高校教育产教融合合作主体之一的行业企业受诸多主客观因素的影响，包括行业企业内产品生产和社会服务，政府相关政策法规的不完善等因素影响，企业参与产教融合热情不高。为吸引企业的参与，赢得发展资金，高校需主动与行业企业靠近，在改善自身人才培养产教融合的水平的基础上，争取提高企业参与高校产教融合的积极性和主动性，承担更高的产教融合的潜在风险，承担更多的产教融合的任务和职责。地方政府要进一步加强对高校的经费投入，继续加大高校的大学生双创教育建设力度，高校应有针对性地建立学校和企业一体的专业和创业实验就业前实践的专门基地，并引进模拟实训软件，成立模拟公司，为学生参与创业实践提供根本保障。

毋庸置疑的是，高校教育的发展与产业经济的发展密切相关，高校教育的发展源于经济社会的发展需求，又助推着经济社会的前进与发展。当前，我国实行社会主义市场经济，要求高校教育的人才培养活动置身于市场环境中，同时，高校教育作为一种教育类型，应保持自身的相对独立性和特殊性，确保所培养的毕业生是具备创造价值的人力资源，而不能被简单地等同于普通的资源或商品。这不仅直接关系到毕业生能否符合市场需要、能否为企业创造价值以及能否促成产教融合的持续发展，也关系到毕业生的就业情况及职业生涯的发展状况以及高等院校自身的生存状态与发展前景。

第二节 产教融合的相关理论基础

一、杜威的从做中学理论

美国著名教育学者和专家约翰·杜威（John Dewey）在教学的过程中会把教学的过程看做是一个"做的过程"。他认为：人们"做"的兴趣和冲动都是以人为主体的，人们对知识经验的来源基本上是基于主体与客体经验的总结。正是基于此，他强调学校在教育的过程中应该设置类似于雏形社会的地方，即是开设好各类工厂、实验室、农场、厨房等，让学生们能够在学校这个"小型社会"环境之中学习好自己所感兴趣的专业和课程。为此，他还提出了在教学的过程中要安排和编创好实践生产场景的教学方式，即在场景教学之中，激发学生们的创造性思维，并根据资料策略从场景活动中入手，解决好学生们在场景活动中所遇见的问题，这就是杜威所提出来的"从做中学"的教学理论。从杜威对整个教学的主张来看，他主张学生们需要在学校里获得生活和工作中的全部知识，他的这种教学理论对当时社会教育来说具有很好的创新性，但缺点是在其开展的过程中有一定的局限性。但在对地方工科院校产教融合培养实践型人力资源的研究中，产教的深度融合需要真正的把产业与教学对接，强调了"做"与"学"相结合的重要性，工科型地方类院校在实践型人力资源的培养上要把理论与实际对接，加强实践、加强学生动手能力，杜威的"从做中学"理论贯彻了从做中学和从经验中学，要求以活动性与经验性的主动作业来取代传统书本式教材的统治地位。把他的"做中学"理论贯彻到我国的教育方面，将对我国教育中的管理理念、师生关系、教学方法、教学的评估方式等都具有非常深远的指导意义。

现代美国教育家杜威以"教育即生活""教育即生长""教育即经验的改造"为依据，对知与行的关系进行了论述，并提出了举世闻名的"从做中学"的理论。其理论实质就是要加强对学生实际操作能力的培养，以培养学生探究和解决问题的能力，培养学生从事和适应实际工作的能力，这也是我国高等教育所需要的一种理论，一种既定的培养目标。杜威从他的实用主义哲学观出发，主张"实用"，并把它引入教育，形成了实用主义教育哲学，他主张学生亲历探究过程，建立与真实世界的关系，实现学生从一个被动的观察者到一个积极的实践者的转化，学生通过自己的活动，逐步形成对世界的认识，充分体现学与做的结合。

杜威认为人类获得解决问题的探究能力才是最重要的，而这种能力的培养应该通过科学方法的训练来获得。同时，他认为，教学活动的要素与科学思维的要素应当相同，并由此提出了相应的"思维五步"和"问题五步"教学，具体包括：其一，学生要有一个真实的经验情境，要有一个对活动本身感兴趣的连续的活动，即要有一个能实现"做"的情境；其二，在这个情境内部产生一个真实的问题，并作为思维的刺激物，即要有一个可"做"的内容；其三，学生要占有知识资料，从事必要的观察以对付这个问题，即要有一个实现"做"的必要支撑；其四，学生必须一步一步地展开他所想出的解决问题的方法，即要有一个完整的"做"的过程；其五，他要有机会通过运用来检验他的想法，使这些想法意义明确，并且让他自己去发现它们是否有效，即有一个针对"做"的结果的检验。这里的"五步"教学从表面上看完全是一个学生"做"的过程，但在"做"的过程中却是对"学"的积累。高等教育旨在培养生产、服务与管理第一线的高素质技能型专门人才，就是在基层岗位和工作现场做实事、干实务以及实践性很强的实用型人才，也就是专门面向"一线"的高等技术应用型专门人才。而这种"一线人才"，不是单单依靠学历教育在学校里就能培养出来的，他们必须也只有在生产和工作的实践中获得能力并提高能力。正是基于此，高等教育应更注重有效培养学生的职业能力，在教学过程中强调与实践相结合，实现学生的"做"，从而完成学生的"学"，以提高学生适应职业岗位能力的要求，缩短从学校教育到实际工作岗位的距离。

结合杜威的"思维五步"，不难看出，"从做中学"理论在高等教育教学中的应用，其具体体现在师生关系的准确定位以及教学方法的合理运用上。实施"从做中学"初期，常常会出现一个角色误区，认为教师是"做"的准备者，即为学生准备好所有的资料和设备，而在学生真正"做"的时候，教师也不过是个旁观者。如果以这样的态度处理"从做中学"，其结果便是学生盲目地"做"，却谈不上"学"。强调"从做中学"，并不是对教师的忽视，无论是把课堂搬到实验室还是工厂，无论在教学中采取什么方法，都不能缺少的一个人就是教师，只不过此时的教师不再是"一言堂"的主人，而是一个"方向标"。他的作用有三个，具体如下：

第一，为学生营造一个真实的经验情境，并提出一个能引发学生兴趣的问题。

第二，是在学生实际"做"的过程中出现错误、疑惑、困难、有所发现以及有争论时进行有目的、富于智慧的引导，当学生有操作经验之后进行提炼和总结，等等，否则学生的操作可能是无效或低效的。

第三，给学生创造一个可以检验其"做"的结果的机会。"从做中学"理论的中心是学习者本身，是学习者通过"做"，形成"思"，最终实现"学"，也是学生通过自己的努力获取知识与培养能力的过程。在这个过程中，既少不了教师这根指挥棒的引导，更少不了学生自身的操作与思考，学生只有通过实际的动手与动脑，并对问题进行分析处理，才能在"做"中体会知识的运用。

随着我国高等教育的发展，教学方法越来越注重实践性，强调与社会相结合，与用人单位的需求相结合，突出学生实际动手能力的培养，但无论采取什么样的教学方法，在其具体运用的时候依旧要落点到"教与学"上。

传统观念认为，所谓"教"，就是教师站在讲台前，通过语言和行为，再配合教具、多媒体课件等手段来展示教学内容，而"学"就是学生坐在教室里去听、去看、去写。在这个观念的理解中，非得处于关系上位的教师做出教授、告知的行为才是"教"，否则教师就会被认为是偷懒，不负责任，这是过于关注"教"的行为表现。至于教师"教"的行为对学生的"学"是否有实际的效果就不在研究范围了，而"从做中学"却是对"教"的另一种更为人性化的诠释，"做中学"绝不意味着让学生"做"就行，而是必须在教师指导下富有意义的"做"与"思"。这其实是把"教"的过程融入实际的情境中，教师在学生"做"的情境中教，要达成"做"以成"思"，"思"建立在平等与对等的关系上，平等的价值高于对等，没有平等就无法谈及对等，平等是对等的前提。

二、陶行知的教学做合一理论

我国著名现代教育家、思想家、学者陶行知先生具有美国留学的经历，在留学过程中师从杜威、威廉·赫德·克伯屈（William Heard Kilpatrick）等美国最具影响力的教育学家。他在回国之后，便积极地将其在美国所学习到的先进的教育思想与中国当时的国情结合起来并进行了教育工作，终于在1926年，陶行知先生开创了自己的生活教育理论。陶行知先生提出了三大教育理论，即"生活即是教育""社会即是学校""教学做合一"的教育理论，而"生活即是教育"则是重中之重。在陶行知先生看来，教育如果脱离了生活，那么教育就是死的，没有生活作为中心的学校教育是一种死的教育。他的生活教育理论在当时中国社会中的反传统与反对旧教育中具有非常重要的意义和作用，他的"教学做合一"理论深刻地批判了旧社会教育中所存在的不足之处，同时给出了相应的具体的解决问题的办法和方式，这种教学理念的改革和践行对于当时的社会来说具有非常好的作用。同时，他还强调，教学应该同实际的生活方式结合起来，这就需要教师们运用好新的教学方式，根据学的方法来进行教学，教与学都应该以作为中心，才能够让学生们获得全面的知识能力。陶行知先生的理论基础，在以市场需求为导向的产教融合培养学生的模式下同样适用。"生活即教育"用五个字明晰地体现出了知识结构与市场以及社会发展同步的理念，对当今部分地方工科院校的应届毕业生出现综合素质能力低下、职业意识缺乏和动手能力比较差的现象，提出的解决办法是：在借鉴陶行知先生的理论基础之上，使学校所传授的知识能够适应社会经济发展的需求。

"生活即教育""社会即学校"和"教学做合一"是陶行知生活教育理论的三个基本命题，研究者对这三个命题的历史流变一直缺乏较为系统的研究。作为生活教育理论的方法论，"教学做合一"在生活教育理论体系中居于重要位置，这里试图在教学方法层面，对"教学做合一"进行述评，以期望更好地还原和借鉴这一理论。"教学做合一"作为陶行知生活教育理论的重要命题和方法论，大致经历了以下六个阶段：

（一）萌芽期（1917～1925年）

1901～1915年，我国开始系统地引进日本的教育学说，"教育学、教授法、教育史、学校管理学引进数最多"。以此为基础，清末民初学校在进行教学方法改革时，普遍采用从日本移植来的赫尔巴特（Herbart）五段教授法，这种教授法简单易行，颇受广大教师青睐，但它太过于机械和形式，不自觉地将教学分离，忽视了学生兴趣和个体差异。1917年，陶行知自美国回国后在南京高师担任教育科主任，他敏锐地看到国内学校里"先生只管教，学生只管受教"的情形，并提出要将"教授法"改为"教学法"，但未能通过。1919年，陶行知发表《教学合一》一文，主张教的法子要根据学的法子，"教学合一思想"正是基于当时教育界力图纠正忽视学生主体地位和实际生活需要的教授法背景下提出的。

随着欧美教育思潮逐渐进入中国，以儿童活动为本位的各种新教学方法，如设计教学法、道尔顿制等相继传入，并于20世纪20年代初期在我国学校正式试行。这些新教学方法更关注学生的兴趣和活动，一经试行就引起较大轰动，但深入试行后，人们逐渐认识到，这些新的教学方法不仅没有充分考虑中国的现实状况，其缺陷也日渐暴露，如设计教学法虽和实际生活接近，但计划是教师设计出来，有时与学生的生活无关，且偏离了系统知识的传授，道尔顿制下的学生虽然较为自由，则过于看重书本，与学生实际生活依然无关。基于这种情况，陶行知把"做"引入"教学合一"，主张事情怎样做就怎样学，怎样学就怎样教；教的法子要根据学的法子，学的法子要根据做的法子。此时，"教学做合一"的理论已经成立，但是名字尚未出现，直到1925年陶行知去南开大学演讲后，张伯苓先生建议改为学做合一后，才豁然开朗，直称"教学做合一"，名称的提出，标志着"教学做合一"的萌芽。

（二）形成期（1926～1938后）

1926年，陶行知在《中国师范教育建设论》《试验乡村师范学校答问》中对"教学做合一"理论做了系统阐释。1927年3月15日，晓庄师范正式成立，校训就是"教学做合一"五个字。7月2日，陶行知针对有些同志仍不明了校训的意义，就做了《教学做合一》的演讲并形成了专文，"教学做合一"思想真正确立。在"教学做合一"校训的指引下，陶行知特别注重"做"，强调事情怎样做就怎样学，怎样学就怎样教。

（三）发展期（1939～1948年）

1939年7月20日，育才学校在重庆诞生。经过长期的实践，育才学校时期的"教学做合一"较之晓庄师范时期又增添了新的内涵，并与杜威的"从做中学"彻底脱离，这具体表现为：注重集体生活，指出学生要在集体中自治、探索和创造，追求真理以及产生新价值；要求学生兼具基本技能和基础知识。育才学校的课程安排有普通课和特修课，普通课的目的在于学生需要掌握国文、外国文、数学和科学方法这四把掌握现代科学和开发现代文明的"钥匙"，特修课分为文学、音乐、戏剧、绘画、自然以及社会六组，其目的在于给予特殊才能的儿童以特殊营养。通过普通和特修"二者起统一的作用以奠定儿童深造之基础"。育才学校十分重视教师的作用，聘请了各行业的专家担任各个专业组主任，加强对学生的指导；育才学校不再完全否定班级授课制，认为"国文、数学、外国文三样，在初期按程度分班级上课最为经济"，并为师生订立《公约》以维持学校教学秩序；育才学校还要求课堂教育与社会活动有机结合起来。学校学生"按年龄大小与工作经验之配合，混合组成若干社会服务队，专司附近村落的社会服务"，学生通过对外的社会服务活动实现了在"做"上学，在"做"上教。

（四）批判期（1949～1977年）

1946年陶行知先生逝世后，许多文章都较为肯定了"教学做合一"的重要价值和其体现的辩证唯物主义思想。1950年纪念陶行知逝世五周年时，各地出版了纪念特刊和文集，称赞其生活教育思想具有"巨大革命意义和创造性"，但也有论者指出"教学做合一"只适应于当时环境，而在"今天民主、科学、大众的教育中应用则已经不妥当"。

1951年5月后，批评者指出陶行知的教育思想是脱胎于实用主义的，"教学做合一"是错误的教学法，忽视系统科学知识而只适合于生活中零碎经验的传授，"教学做合一"将书本作为工具以及一切从经验出发是错误的，劳力上劳心也是典型的唯心观点。在此时，对陶行知的评价批评多于肯定。

（五）重评期（1978～1984年）

1978年党的十一届三中全会召开，研究者得以在宽松的研究环境中对陶行知的生活教育思想进行客观评说和应用。当然，1979年和1980年一些研究者仍在关注"教学做合一"的缺陷，李桂林等在《陶行知的生活教育》一文中指出，"教学做合一"是大胆尝试，但是它具有鲜明的实用主义特色，"对问题的解决是错误的，从一个极端走向另一个极端，从而把教育产教融合的水平降低了"，按照此法"培养出来的人才顶多只能成为对现实作点滴改良的庸才"。须养本等指出，"教学做合一"是杜威"做中学"在"半封建、半殖民地旧中国的实际运用"。

到20世纪80年代中期，研究者普遍认同陶行知"教学做合一"是创新的、革命的、科学的、立足于人民群众的实际。陶行知"教学做合一"思想与杜威的"从做中学"有明显区别，并非是杜威教育学说在中国的翻版，陶行知"教学做合一"这一生活理论的方法，是经过其自身不断实践、不断体悟和总结形成的。

（六）运用期（1985年至今）

在1985年后，随着《中共中央关于教育体制改革的决定》的颁布，关于陶行知研究进入一个新的阶段，"教学做合一"受到研究者的基本肯定，并被广泛运用于课堂教学、培养师资等各种教育教学的实践领域。自1985

年以来，"教学做合一"的研究取向主要呈现以下几个特点：

第一，偏重"教学做合一"的实践运用，对其理论探讨略显薄弱。研究者大都认同了"教学做合一"的优点和重大价值，而将其广泛运用于师范生培养、幼儿道德能力培养、课堂教学改革、学科教学以及高职高专教育教学改革等方面。

第二，一线教育工作者成为关注、探讨和运用"教学做合一"的主体。随着"教学做合一"的教学实践运用价值被大多数理论工作者认可，不少一线教育工作者开始结合自己的教学工作积极参与"教学做合一"的实践研究。

第三，研究者对"教学做合一"的理论探讨呈现出新的特点，或是对"教学做合一"的理论内涵进行合理阐释，或是在实践运用中形成和丰富自己对"教学做合一"的进一步理解。

"教学做合一"作为一种教学方法，陶行知把它深深根植于具体的环境中，并辅以相适应的课程和相匹配的教材，试图实现方法和内容的有机统一，如在育才学校时期，结合培养特殊才能的人才目标，对"教学做合一"方法辅以六种小组，并开设了不同的课程，通过内容和方法的有机结合发挥了"教学做合一"的无限活力。教学方法的改革必须与环境、课程、教材等相配合，否则就割裂了方法和内容的有机统一。我们应充分强调目前学校教学方法的改革要与环境、课程、教材等相配合的价值取向，教学方法改革必须密切结合具体环境，配套相应课程和教材等，否则只能是无源之水，在实践中不会发挥长远作用。

三、福斯特的产学合作理论

英国著名学者、教育家福斯特（Philip J.Foster）在现代产学合作中具有非常重要的代表价值，他的产学合作理念对教育界的发展来说具有很高的战略性。福斯特认为，当前许多职业教育计划之所以难以实现都是因为受训者缺乏必要的基础理论知识与基础技能知识。正是基于此，福斯特认为，产学合作的过程中应该首先从课程职业化设计出发，以理论基础为切入点，最终搭建就业化平台，同时，职业院校中中、低级人才的培养应该注重走"产学融合"的道路。正是基于此，学校在开展各种职业培训计划的过程中应该从以下几个方面进行培养和改造：

第一，要控制好地方工科院校发展的规模，在拓展学生能力的基础上要结合社会经济发展的现实状况。

第二，要改革好地方工科院校的课程内容，多设置一些工读交替的"三明治"课程。

第三，要控制好地方工科院校中生源的比例，有可能的话让在职人员成为地方工科院校生源的主要来源渠道之一。

福斯特产学合作的理论对包括中国在内的发展中国家的教育来说具有很好的借鉴作用。福斯特是当今国际职业教育理论界深具影响力的著名学者，多年来致力于职业教育理论的研究。他早年毕业于伦敦大学经济学院，曾经担任过美国芝加哥大学教育学和社会学教授、比较教育中心主任、澳大利亚麦夸里大学教育学教授兼院长、美国纽约州立大学教育学和社会学教授。福斯特以他的《发展规划中的职业学校谬误》一文而闻名于世，此文发表于1965年，其许多关于职教发展的重要思想都包含在此文中。福斯特职教思想的许多观点被世界银行借鉴，成为当今指导各国职教发展政策性文件的重要组成部分，20世纪60年代，正是西方"发展经济学"盛行时期，这一理论提出：发展中国家的经济增长"可以让政府去发挥主要作用"；可采用"集中的、非面向市场的计划模式"。受其影响，当时教育理论界有人提出了"人力资源说"，即主张学校可以根据政府的经济发展计划和"长期性的人力预测"来提供一定数量训练有素的人力储备为经济发展服务。在教育发展战略上，这一学派主张发展中国家通过重点投资学校形态的职业教育和在普通学校课程中渗入职教内容来促进经济发展。人力资源说在当时得到了包括联合国教科文组织和世界银行在内的一些国际组织的支持，成为当时发展中国家教育与经济发展的指导理论，这一学派的观点以当时英国经济学家巴洛夫为代表。针对巴洛夫（Thomas Balogh）的主流派理论，作为长期致力于发展中国家教育理论研究专家的福斯特，以他多年来的研究成果为依据，写下了《发展规划中的职业学校谬误》这一名作，从教育发展的一些根本问题上系统地阐述了他的职教思想，提出了许多与巴洛夫为首的主流派不同的观点，从而在职教理论界引发了一场长达1／4世纪的大论战，最后，福斯特由少数派成为当今职业教育界最有影响的主流学派。福斯特的职业教育思想福斯特职教思想反映在《发展规划中的职业学校谬误》这篇名作以及他以后发表的文章中，我们可以对其主要思想和观点进行以下概括：

第一，职业教育必须以劳动力就业市场的需求为出发点。

福斯特认为，受训者在劳动力市场中的就业机会和就业后的发展前景，是职业教育发展的最关键因素，正是基于此，职业技术教育的发展必须以劳动力就业市场的实际需求为出发点。

第二，"技术浪费"应成为职教计划评估中的一项重要内容。

福斯特注意到，许多发展中国家的职教毕业生的就业岗位与其所接受的专业训练不一致，从而他提出了职教中的"技术浪费"问题。他认为"技术浪费"通常是以下三个方面的原因所造成的：一是国家为促进经济发展提前培训某类人才，但现有经济并不能利用和消化这些人才；二是市场需要这些人才，但被安排到与训练不相关的职位，即所用非所学；三是市场需要这类人才，但职业前景和职业报酬不理想导致了职业教育毕业生选择了与培训无关的职业，对这种"技术浪费"资源缺乏的发展中国家应足够重视，把它纳入职业教育计划评估，并作为其中的一项重要内容。他还认为尽管"技术浪费"现象在发达国家也存在，但在发展中国家更严重，而由于发展中国家的资源更加有限，所以，这种"浪费"更应该加以足够的重视。

第三，职业化的学校课程既不能决定学生的职业志愿也不能解决其失业问题。

以巴洛夫为首的主流派认为，通过学校课程的职业化可引导学生的职业志愿，从而避免学生不切实际的就业愿望，减少失业。福斯特认为，学生的职业志愿更多地由个人对经济交换部门的就业机会的看法来决定，学校课程本身对这一选择过程并无多大的影响；失业的原因也并不简单是学校课程上的缺陷，很大程度上是劳动力市场对受训者缺乏实际需求。

第四，基于简单预测的"人力规划"不能成为职业教育发展的依据。

20世纪60年代是"人力规划"最时兴的时期，大规模的人力预测成果作为各级各类教育与人才培养的依据，对职业教育的影响尤为突出，福斯特对此持批评态度。首先，他对人力预测的准确性表示怀疑，他认为"经济交换部门的增长率是很难准确估计的"；其次，他对人力规划的后果表示担忧，因为，一旦经济增长率不足以吸收和消化人力规划所培养的人才，不仅会造成人力和物力浪费，还会加重社会上的失业状况。应当指出的是，在计划经济下大规模计划是行不通的，但与实际发展密切相关的小规模的培训计划还是应该提倡的，福斯特反对的是那种脱离市场的"大规模的"人力规划，他支持那种"与实际发展密切相关的""小规模的"职业教育计划，这也是他所强调的"职业教育发展必须以劳动力就业市场的实际需求为出发点"。

第五，职业学校谬误论。

巴洛夫等主张发展中国家用职业学校培养初、中级人才。福斯特从职校体制内部指出"学校形态"职业教育办学方式的局限性和一些自身难以克服的缺陷，具体包括职校办学成本高；培训设备很难跟上现实要求；发展中国家职业学校的学生不甘于放弃升学的希望，把职业教育课程作升学的奠基石，学生期望与职业教育规划者的志愿相悖；学校所设课程往往与就业岗位所需经验格格不入，所学技能往往与现实职业的要求不符，职业培训与职业工作情景不相关；不易找到合适的师资等，另外，职校的学制较长，一般要三年左右，不能对劳动力市场做出迅速而灵活的反应。正是由于以上原因，福斯特认为，学校本位的职业教育最终难免失败的命运，正是基于此，就结果而言，职业学校只能是一种"谬误"。

第七，职业教育的重点是非正规的在职培训。

"企业本位"的职业培训优于学校本位的职业教育。福斯特认为，发展企业本位的在职培训计划要比发展正规的职校"更加经济""更少浪费"，因为企业比职校更了解培训"产品"的标准和要求，而且企业有提供在职培训的良好条件。

第八，倡导"产学合作"的办学形式。

福斯特认为，职校在人才培养上有规模效益，但鉴于职校本身一些难以克服的缺陷，必须对职校进行改造。最重要的措施是舒学合作的道路，如改革课程形式，多设工读交替的"三明治"课程；实践课尽量在企业进行，缩小正规学校职教与实际工作情景之间的距离等，另外，在生源方面，可招收在职人员。总之，职业教育和培训应逐渐从学校本位走向产学合作。

第九，职教与普教的关系是互补关系而非替代关系。

福斯特指出，成功的职教需要成功的普教作为基础。随着社会生产力水平的提高，生产过程要求人才具有更为深厚的文化基础知识，学生具备扎实的文化基础也有助于提高其以后的继续教育能力和职业转换能力。正是基于此，要在扎实的普教基础上开展职业教育。

第十，反对"普通教育职业化"。

巴洛夫主张除大力发展职业学校之外，还要在普通学校增设职业课程，实现"普通教育职业化"。福斯特认为在发展中国家不应采用这种形式的职业教育，他认为，"普通教育职业化"既达不到普教的目的，也达不到职教的目的。

第十一，农村职业教育要点。

福斯特非常重视农村职业教育，并对此提出以下主要观点：

第一，农村职业教育的对象是农民而非学生。

第二，农村职业教育的主要任务是向农民推广生产知识和新技术。

第三，农村职业教育必须注意农民的求知积极性。农民非常注重实际，只有当他们看到科技带来的实际收益时，才会有学习的意愿，农村职业教育只有与当地发展和农民收益直接相关时，才有可能获得成功。

福斯特长期从事职业教育理论研究，并在大量调查研究的基础上提出其职教思想，有着坚实的理论和实践基础。虽然福斯特职教思想主要产生于20世纪60年代中期，但其中的许多观点在今天来看仍然具有强大的生命力，如职业教育必须以劳动力就业市场的需求为出发点、基于简单预测的人力规划不能成为职教发展的依据以及要在扎实的普教基础上开展职业教育与培训等，被证明依然符合当前职教发展的实际。特别是福斯特认为，"对职业学校进行改造，走产学结合的办学道路"，更是一种先进的战略定位，因为职业教育不同于研究型的高等教育，它不需要太多的超前理论，而是更多地注重于实践知识的传授，技能重于研究，动手操作重于理论思维，所以，注重"产学合作"，加强对职业学校学生动手能力的培养是一个永恒的主题，也是当前世界范围内对职业教育的一个主流认识。福斯特职教理论主要是基于当时非洲几个发展中国家职业教育发展的实践得出的，难免有其局限性，其局限性的核心是几乎全盘否定了"学校形态"的职业教育。福斯特对学校本位的职教持否定态度，显然是不符合我国的现实状况的，这一点已无须怀疑。学校本位的职业教育作为我国教育的一种基本形式，已被职业教育法的形式规定，在现实中，职业学校仍然是我国职业教育中的办学主体，学校形态职业教育有其难以取代的优势，除了有人才培养的规模优势外，关键是在培养学生的文化基础、人文素质等方面是其他形式的职教不可比拟的，即使在发达国家，学校形态的职业教育也仍是当今职业教育的主流。虽然，学校形态的职业教育有其局限性和一些缺陷，但是通过改革办学形式、课程体系、教学方式等手段可以加以弥补。再者，在多元化的社会，不同国家和同一个国家的不同地区，人们对职业教育的需求也是多方面的，应该提倡多元化的职业教育办学形式。

第三节 产教融合的功能与作用

产教融合就是将生产与教育有机结合起来，实现理论知识的传授与实践知识的传授的有机协调与融合，以提高实践能力。通过产教融合和校企合作，能够为学生在理论学习之余，提供更多的实践机会，培养学生的岗位能力和实践水平。产教融合将企业、学校、政府、社会组织等结合起来，进行资源的整合与优化配置，实现取长补短、优势互补，提高教师素质。产教融合对高校教师提出了新的要求和挑战，高校教师只有不断自我提升才能适应产教融合的教学要求，正是基于此，产教融合对提高教师产教融合的水平大有裨益，助推教学改革。产教融合是高校教育的新形式和新思路，也是对高校教育的一种创新，在对产教融合教学模式进行探索与发展的过程中，高校的课程设置、教学内容、评价方式等都面临着调整和变革，进而助推高校教育改革的深入。产教融合的根本任务是通过创新教育形式、整合教育教学的资源、提高教育产教融合的水平，达到提高学生岗位技能和实践能力满足社会的需要的目的，同时，产教融合有利于企业的技术革新、生产水平和效率提升，促进企业的高速和高质量发展。由此可见，产教融合是实现学校和企业共同发展、全面提升的重要手段和有效途径，也是高校教育价值、社会价值和经济价值的集中体现，产教融合促使高校按照企业的需求培养人才，并将理论学习与实践知识的传授和科学研究结合起来，为企业发展提供强有力的人才支持和智力支持，提升我国企业的综合实力，促进社会主义市场经济的高速和高质量发展。

一、有利于专业定位和建设

企业和高校紧密合作，当社会经济发展的路径发生变化时，企业能够第一时间感知到，企业将所需要的人才培养标准及时传达给高校，高校及时做出响应，使专业定位始终跟上时代的步伐。从教育方面看，近一段时期以来，我国职业教育的一大特色是以职业学校为主体培养初入职的技术技能人才，经济领域的行业企业相对脱离于人才的正规职业准备教育，出现了职业院校对产教融合、校企合作共同育人和研发的需求格外强烈，然而困难也格外多的情景。企业拥有丰富的技术能手，对于行业需要的人才定位比较清楚，能够给专业定位和学科发展把脉。产教融合、校企合作培养技术技能人才是国际职业教育成功国家的共同规律，呼唤和渴求产教融合以及校企合作培育技术技能人才在我国有着深刻的教育和经济背景。从经济领域看，我国正在进入工业化中期，努力实现产业升级和转型，建立创新驱动的现代产业体系，对复合型和创新型技术技能人才的需求在倒逼行业企业做出变革。发展所面临的体制机制困境，保障技术应用和技能人才发展的实践问题，具有重大的研究意义与价值。从教育方面来看，近一段时期以来，我国职业教育的一大特色是以职业学校为主体培养初入职的技术技能人才，经济领域的行业企业相对脱离于人才的正规职业准备教育，出现了职业院校对产教融合、校企合作共同育人和研发的需求格外强烈，然而困难也格外多的情景。

产教融合和校企合作培养技术技能人才是国际职业教育成功国家的共同规律。呼唤和渴求产教融合、校企合作培育技术技能人才在我国有着深刻的教育和经济背景。推进国家治理体系和治理能力现代化，为解决上述职业教育的瓶颈问题提出了全新视角、顶层思路。职业教育作为与社会经济发展密切相关的一种教育类型，同时肩负着面向人人和培养高技能人才的重任，关乎着国家的经济发展与社会和谐。职业教育治理体系与治理能力的现代化，是国家治理体系与治理能力现代化不可或缺的一部分，对全面深化改革、推进国家治理体系和治理能力的现代化具有重大意义。改革开放以来，在政府及各部门的积极努力下，职业教育的发展取得了巨大成就，但是，目前与我国经济社会的需求和人民群众的期盼相比，职业教育发展依然面临很多困境，许多问题从表面上看似乎在职业教育自身，而其实质是职业教育的外部制度与体制机制使然。

从"单维"管理理念转向"多元"治理理念，在治理理论的指导下，借鉴国际比较经验，对研究职业教育的多元治理主体的权责、实行管办评分离、多样化治理工具、完善的治理制度体系、治理指标体系以及治理的制度包与工具包等，具有巨大的经济和社会意义。首先，完善职业教育治理体系、实现职业教育治理能力现代化，将有助于我国数以亿计的技术技能人才的培养和可持续发展，有助于职业教育突破上述制约的瓶颈和困境，增强职业教育服务产业结构调整、经济发展方式转变的针对性和实效性；其次，对职业教育治理体系和治理能力现代化的研究，有助于促进我国社会民主与全面提升，增强人民群众学有所教、学有所用的终身学习途径和机会，依靠职业教育提升国民素质和发展能力，提升体面就业与幸福生活的民主和谐境况。

二、有利于课程建设

课程体系是学科发展的载体，企业岗位的各项技能都需要通过课程体系来实现，并通过相应课程来培养对应岗位技能。职业院校的校企合作中既有老生常谈的旧问题，也有发展过程中的新问题，需要政府统筹考虑解决的办法，整体推进合作的发展深化。企业对岗位职责有比较全面的了解，能够对各种工作任务职责做出详细规划，然后将岗位职责标准转化成课程标准，将企业项目实例转化为课程教学的案例。我国职业教育校企合作存在政府、行业、企业、院校和学生五大层面的问题，这些问题是系统培养高端技能型人才以适应经济发展方式转变和产业结构升级的重大障碍，也是当前中国职业教育宏观政策亟待破解的焦点问题。

职业教育校企合作中存在的问题主要是企业主体缺位、行业企业参与不够，反映出经济领域缺少支持产教融合的配套制度。产教融合不仅应该是教育制度，而且应该是经济制度和产业制度的组成部分。

（一）政府作用的边界与市场治理结构的作用发挥

当前，在经济领域中的法律基本上没有涉及产教融合、校企合作的制度内容，迄今还没有与其配套的下位法，只有地方制定的地方性法规以及国务院相关部门制定的部门规章，力度不够。近年来，国家从认识上重视职业教育校企合作的制度和机制建设，各地不断的探索实践，校企合作取得了显著成就，但国家和地方职业教育校企合作法制建设仍然十分薄弱。国家层面上存在的相关问题表现如下：

第一，政府自身对如何发挥主导作用认识不足，对实现主导作用的形式和路径缺少探索和经验积累，相关校企合作的法律和政策制度不健全，协调引导作用有待加强。

第二，校企合作的管理制度和模式尚不完善，政府及其部门参与的职责分工有待明确。

第三，政府主导不足，导致校企合作多方参与、沟通对话、经费投入引导和保障机制以及监督评价体系等还不完善，资源整合力度不够，对参与职业教育优惠政策的宣传力度不够。

第四，政府支持的社会化评价体系不健全，对参与合作的企业资质缺乏明确规定和认定，对企业参与合作的效果缺乏整体评价。

第五，职业准入、职业资格证书与人才培养的关联性不够，校企合作的教育规范和标准不够成熟。

（二）行业指导能力的缺失与弥补

我国法律没有明确规定行业协会在职业教育发展中的地位和作用，使得行业组织的协调指导作用没有得到充分发挥，在制定行业岗位标准和课程标准中的主导作用发挥不够充分，行业组织对职业教育的校企合作的监督机制尚未建立，行业协会与职业教育的交流对话制度有待进一步完善。

我国职业教育的发展对行业寄予了极大的期盼，教育部门成立了多个职业教育行业的教学指导管理协会，教育部门出台了发挥行业作用的政策文件，但是实际上行业组织指导职业教育的作用还远远没有发挥出来。在我国经济领域，行业组织自身的能力和作用尚未有良好的发展，行业指导职业教育的权限不明确，支持和鼓励行业组织参与职业教育与培训的政策尚不健全。此外，从整体上看，我国行业自身独立发展的水平有限，指导职业教育发展的能力不足，自身能力尚需逐步培养，不具备德国等发达国家的行会制定标准、主持考试以及颁发资格证书的权利和能力。

（三）企业作为育人主体的作用和责任缺失

第一，企业应该成为职业教育和培养未来员工的主体，但我国职业教育处于市场治理结构发展的初期阶段，企业界表达意愿的机会和条件尚不成熟，其参与职教的内驱力不够。

第二，企业缺乏战略发展理念，参与校企合作动力不足，社会责任意识不够，合作关系大多靠感情维系。

第三，现有的合作组织管理不健全，在具体学科发展、课程开发以及对就业前实践的管理等环节中，企业大多处于被动状态，教育培训的标准和规范缺失，合作流于表面形式。

第四，以体力依赖为主而非以技能依赖为主的企业大量存在，企业转型升级尚未完成，缺乏参与技能型人才培养的基本动力。

（四）职业院校校企合作育人和研发的制度尚未到位

第一，缺乏现代学校制度理念，校企合作的治理机制和合作发展机制不健全，整合资源能力不够。

第二，品牌创建意识不够，专业水平和技术技能积累不足，难以引领行业发展。

第三，技术服务能力较弱，难以吸引企业参与。

第四，人才培养模式创新不足，未能确立被校企双方共同尊重的教育规范和标准，难以适应产业需求。

第五，对学生实习的监管不到位，难以保证实习产教融合的水平。

（五）学生实习活动性质错位与纠正

就业前实践应该是教育环节，其活动的性质是教学活动，这一点不容置疑。实际的工作不能直接代替就业前实践，也不能等同于就业前实践。在我国职业教育的实际中，一是学生的岗位实操和实训内容的要求与企业的人才定位，与工作岗位要求不太相符；二是学生在企业实习的内容、场地安全、工作时间等未有明确的规定；三是学生对责任心和吃苦耐劳能力等品质的培养尚未有清晰的标准。

三、有利于提升教师的社会服务能力

校企双方经常互派人员轮岗实训，企业派专业技术人员到校为师生讲学，有利于提高师生的实践操作水平，高校派教师下企业锻炼，在企业生产一线，教师实践能力能够得到比较大的提高。研究、探讨校企合作促进政策的制定和实施是一项重要的攻坚任务，需要深挖现存的问题，运用理论分析其原因，并将其放在国家宏观层面来思考解决的思路和办法。我国职业教育的主体是职业学校，主要由教育部门统筹管理，但教育部或者任何单一部门都无法有效地解决职业教育校企合作的跨部门与跨领域问题。职业教育实行校企合作和工学结合的人才培养模式，不仅是培养应用型、技能型人才的基本做法，而且符合我国关于教育同生产劳动相结合以及培养全面发展的人的基本教育方针，为加快制定国家职业教育校企合作促进法规提供了宏观性的

思想框架。鼓励地方先行先试，吸收地方创新经验，许多地方对校企合作的认识水平程度不断提升，认识到人才培养合作项目的收益与产品研发等合作项目的收益相比，回报较低而投入较大。高校教师所接触的理论知识较多，但实践方面的技能比较缺乏，大部分高校教师都没有太多的项目经验，通过产教深度融合可以提升师资水平，教师在企业真枪实干，掌握了好的技能后，再结合自身丰富的理论知识，就可以提出有创新性的想法来帮助企业解决实际问题。

正是基于此，才需要国家统筹职业教育校企合作政策，进行顶层设计。国家从教育、经济和劳动三方面建立法律性框架，国家应从教育、经济、劳动三个领域修改现有法律和新增相关的法律，为加快建立国家职业教育产教融合校企合作制度提供宏观性的法律框架。

四、有利于学生就业

企业参与人才培养的全过程，按照自身的人才定位进行人才培养，这样学生便能够第一时间掌握行业最新技术，毕业后就可以在相关企业就业，这样便有利于提升就业率和就业产教融合的水平。

职业教育校企合作分类是指根据职业教育校企合作的共同点和差异点，采用一定的标准和方法，并依据一定的原则，对其进行系统的划分和归类。依据参与主体和企业所依赖的人力资本类型、企业采用的生产方式以及校企合作中涉及的专业类别等对校企合作进行了分类，并研究了各类校企合作的特点，以期发现不同类型校企合作的政策诉求。在多样的校企合作类型中，并非所有类型的企业都能积极参与校企合作，例如，知识依赖型企业、手工生产方式下的企业等，他们的合作意愿低，参与合作的面比较窄，形式比较单一，对这些校企合作，政府及各部门应加强引导，不过分鼓励、不强制实施。手工业生产方式下的校企合作，合作的周期长，培养学徒的技能全面，产教融合的水平基本有保障，在政策上，应引导这类企业参与校企合作。体力依赖型企业的一线工作具有简单重复、劳动的知识技术含量低、用人不分专业以及计件工资制等特点，是职业院校技术技能人才培养的天敌，尽管体力依赖型企业十分需要实习生的顶岗劳动，对职业院校的学生很有热情，但是这类企业却不适合培养人才，政策上也不应该鼓励与这类企业进行校企合作。

第四节 社会主义市场经济对产教融合的影响

随着我国经济的发展与经济发展路径的调整，人力资源的需求逐渐呈现出为多层次与多方位的特点，使其必然与社会主义市场经济紧密联系起来。作为社会主义市场经济的重要主体，高等院校与职业院校相比具有自身的独特性，且这些独特性要求其必须积极参与到社会主义市场经济的运营之中。在高校的发展实践中证明其办学宗旨与让学生满足市场需求是紧密联系的，其独特性也主要体现在其是经济社会发展中特定阶段而产生的新型高等教育。所以在高校的发展过程中也应该在人才培养的过程中紧密结合市场要求，从而实现自身的优化发展。在我国深化教育领域综合改革的过程中，推进产教融合是职业教育的重要发展趋向，也是高校教育发展的命脉之门。

一、社会主义市场经济发展诉求下的校产教融合

在我国社会主义市场经济体制不断发展和完善的同时，其也对高校提出了新的使命，在高校的人才培养不断与市场相结合的趋势下，产教融合也是高校在社会主义市场经济背景下的新趋势与新方向。在人才培养的过程中应该摆脱"基础性的研究工作者"和"一般操作工"的误区，应具有"动手与动脑的双重能力的技术实践型人力资源"才是人才培养产教融合水平的关键所在。失去了市场竞争性，也就难以成为社会主义市场经济的主体，所以在经济改革不断向纵深发展的背景下，高校应该不断适应新的经济环境，并在人才培养等方面彻底摆脱原有计划经济的条框束缚，从而加快自身的转型，逐渐融入新的经济环境之中。所以高校作为培养技术型人力资源的重要阵地，应该切实加强教育过程中的实践环节，通过产教融合把理论与实际有效结合，来实现学生实践能力的发展。所以高校的发展与社会主义市场经济分不开，其核心竞争力的体现与把握市场主动权同样密不可分。高等教育的育人方向主要面向具有一定理论知识与较强实践能力的人才培养，所以在其办学宗旨与培养目标中应面向生产、基层与管理服务一线，技术型、实用型与技能型是其人才培养的目的，也是其教育的高等阶段。所以在教学过程中的实践操作性应该被更加重视，学生的动手能力也应该被突出和发展。在这种竞争的

环境之中，由于用人单位自主权扩大以及企业人才需求的方向性转变，使会操作、懂理论以及善管理的人才成为了市场的重要需求目标。产教融合能够有效实现高校的办学宗旨，并能够使其不断遵循市场的需求和运作规律来进行教育教学活动，使高技能人才得以生产，适应企业生产的变化，从而更好地实现高校的生存发展之道。高等教育具有"高等性"与"职业性"两个根本属性，在社会主义市场经济的背景下，我国高校在办学中并未科学处理好二者之间的关系。在高校的人才培养过程中，高技能并非是现代社会的需求，其也不利于受教育者的发展，且脱离了高等教育的独特性。社会主义市场经济的发展要求高校进行产教融合，实现人才的科学化培养。高校是社会主义市场经济的主体，其办学宗旨具有市场需求性。市场主体的多元化反映了社会主义市场经济的重要特点，其独立性要求形式多样化的主体在资源配置的市场背景下能够在市场的竞争中实现平等的参与。这种竞争体现为一种宽领域性与自发性，也是在社会主义市场经济背景下的生存与发展的竞争。

社会主义市场经济的发展要求高校提高人才培养产教融合的水平。在教师的执教能力方面，由于高校教师的来源受限，教师偏重学生学术研究能力而忽视实践动手能力的问题广为存在，从而使在培养人才方面，不能有效实现为企业提供有效服务的目标。

综上，就需要高校着力于产教融合的应用与深化，使学生在教师的带领下参与实用科研与产业实践，能够知其然并知其所以然，在实践中的产品研发等相关实际问题的解决中，培养实践脉络与产业思维。只有这样才能更好地服务区域经济与产业的发展，并提升学生的知识适应性，实现教育教学资源的合理、有效配置。社会主义市场经济背景下的毕业生就业难问题进一步要求了高校推行产教融合。在我国社会主义市场经济不断发展的背景下，劳动力市场的竞争程度不断得到强化，而针对高校毕业生的用人单位更加注重学生的实际操作能力。在我国高校教育体系中，学生培养仍然沿袭传统模式，从而难以符合市场对人力资源的需求。适应建设、生产、管理与服务第一线的需要是高校毕业生顺利就业的重要影响因素，如果缺乏这样的能力与适应性则必然会出现居高不下的待业率。高校的培养模式是与市场对人才的需要所联系在一起的，所以新的培养模式能够切实有效地解决此类问题。产教融合的推行使学生的实践能力得以提升，并能够增强对未来职业的判定与认同，目标的明确与能力的提升，使受教育者也能够着眼于市场的变化，在企业需求的前提下不断提升，并寻求发展机遇，从而缓解高校毕业生所面临的就业压力。所以高校应该使其置身于社会主义市场经济体制之中，在产教融合的育人模式助推下抢得市场人才竞争的优先权。

二、社会主义市场经济背景下高校产教融合的角色定位与实施标准

校企合作是从"人才培养"和"用工需求"这一切入点来开展的，在此过程中需要对产教融合中的各个主体进行科学定位，并厘清实施过程中的相关标准来助推其有效开展。产教融合最根本的落脚点和最终的追求均是为学生服务。在产教融合的办学过程中，学校和企业应把为学生服务当作宗旨。如何使学生树立正确的求职观念、增强学生的实践能力是产教融合的目的所在。学校仅凭借企业需求的"订单"来培养学生其势必存在弊端，而产教融合的根本目的也就偏离了，学校和企业不但要培养学生娴熟的专业技能，同时也要帮助学生树立自身的求职观，以期通过校企共同培养人才的模式来取得成效。如此，高校在产教融合中的主体地位就显而易见了，作为产教融合实施的主体，向本地输送所需的实践型人力资源是高校发展的永恒主题。

各地的高校也就成了合作育人和合作办学首要推崇的主体。在我国校企合作办学的模式中，高校是产教融合的积极助推者，学生岗位实操、合作办学、创建实习基地等形式彰显了高校在培养学生和满足社会的需要的过程中所做的贡献。就高校与企业合作的项目而言，不同于中职院校的是，高校在产品的开发和实际工作中更具实力，就此我国一批高校的成就得到了教育行政部门和社会公众的普遍认可，并为产教融合的发展奠定了坚实的基础。政府和企业在产教融合的过程中无疑起着助推和促进的作用，政府虽然置身于产教融合的具体实施外，但在政策的协调制定上、法律和财政扶持上对高校和企业有着宏观管理的职能，与此同时，企业在产教融合模式化的办学中也是最大的受益者，这一模式能够大量满足企业自身发展的需要。既然企业有着对科研成果和人才储备的诉求，那么就会与高校进行人才联合上的培养。而产教融合在另一个角度来看也是一份良心工程，由于现代社会诸多不确定因素的影响，如何使企业在产教融合的参与中更具说服力和道德感，从而形成良性的产教制度保障，这就需要来自社会与政府的监督与监管，所以培养企业经营教育的社会责任感是产教融合办学成功的关键。

社会主义市场经济背景下产教融合的三维标准。产教融合的实质是使培养出来的人才能够适应经济社会发展的需求。从表面意义上来讲，产教融合是连接学校和企业之间人才供给的纽带；从更深层的意义上来说，产教融合又肩负着自身的使命，高校要完成人才"供给"与"需求"对等，要把如何培养人才、怎样培养以及怎样实现人才与企业的需求相对接作为办学的重点，从而培养出优质的人才，助推经济的发展与社会的进步。实现产教融合主要包含以下三个方面的标准：

第一，招收的学生数量要与企业的用人数量相协调。高校在开设专业前，要经过大量的市场调查与论证，通过统计各企业的人才缺口来设定专业及专业规模。这样做的好处在于既满足了市场的需求，又确保了学生、学校与企业的自愿和平等，使我国企业对应用型技术人才需求的紧缺状态得到缓解，同时也减轻了学生的就业压力，释放了由求职而引发的社会矛盾。

第二，高校培养的人才要符合各行业的标准。也就是说，高校对学生的培养不能再拘泥于老传统和老规矩，要跳出固有的教育模式并寻找适合学生发展的新型培养体系。在传授基本的专业理论知识、遵从学生信仰之余，还要找到行业要求与学科发展的融合点，让更多的行业模范人物和企业管理者参与到人才的培养过程中，使学生的行业从业水准得以提升。

第三，高校要模拟企业的经营场景。在企业众多专利的申请中，"学生专利"占有很大一部分比重，由此可见学生在高校中实践能力的重要性。在学校中模拟企业场景可谓是增强学生实践能力的最有效途径，模拟场景的建设摒弃了纸上谈兵的弊端，让学生在学习专业基础知识的过程中快速将其转化为实际应用，不但能使其思维得以转换，更增强了处理实际问题的能力。

三、社会主义市场经济背景下产教融合发展的现实障碍

从 20 世纪 80 年代我国高校教育迅速发展以来，无论是在中央层面还是在理论与实践界都十分重视高校教育中的人才培养创新，国家教育行政部门也不断强调通过产教融合的方式加强校企合作来推进高校教育适应社会主义市场经济发展。但是在现实中产教融合并未得到深入、有效的贯彻和执行，其中的认识观念性障碍、政府助推力不足以及文化差异与系统性缺失等问题是其发展中制约因素的重要构成，产教融合的认识误区约束了其开展与深化。

　　社会主义市场经济的发展过程中需要各类人才，技术技能型人才也是人才结构的重要构成，能提高经济的竞争力，核心是依靠科技进步和人才素质的提高，而这就需要产教融合培养高素质、高技能的应用型和技术技能型人才。产教融合对政府来说，是寻找经济增长点的起跑器；对职业院校而言，是培养经济实用人才的有效途径；对企业而言，是获取应用性、技能性、复合型人才的捷径，也是人才储备的银行。

　　产教融合的真正内涵应定位在建立起一个可持续发展的良性循环机制，实现教育教学资源的优化组合，将高校教育教学的资源的势能转化为助推经济增长的动力，以实现办学的整体效益。在目前已形成的校企合作中，大多都是学校为求生存主动向企业界寻求合作对象，多数企业给予学校的资助，亦都停留在较浅的层面。受到传统教育理念与模式的影响，部分高校缺乏对国内和国际高校教育人才培养的先进理念，并未认识到产教融合在培养产业转型与升级以及经济社会发展人才的重要性、紧迫性与必然性，认识上的误区导致了此类院校在办学定位、顶层设计等方面并未科学合理地展开，缺乏系统和全面的学生培养模式规划。另外，从企业的角度来看，部分企业由于缺乏大职业教育观念，使得其社会责任并未得到有效履行，其对产教融合模式也缺乏全面的认识，对其配合度较低。所以，在认识产教融合的过程中应该认识到其双赢的因素，而并非学校充当"索取者"、企业充当"支撑者"，其并非是以一方利益受损为代价的。国家意愿对产教融合的助推价值不足，缺乏配套的政策和法规环境，如此一来，产教融合更多地流于形式，其长久发展难以得到保障。在我国的高校教育发展过程中，教育部等相关教育行政部门出台了诸多相关文件来进一步鼓励和支持高校进行产教融合，实现校企合作，但是在这些相关文件中更多反映的是一种倡导性发展方向，规定都较为宏观和模糊，而对于此方面的优惠政策、法律条文以及执行性文件等较为缺乏。

　　在高校教育的产教融合、校企合作的发展过程中，虽然此领域成立了校企合作协会等组织结构，并且实验和试点逐渐展开，但是其发展中缺乏一种完整的、权威的产教融合准则和指导手册，这也就使其发展实践难以得到有效的指导。所以，在此环境中仅仅凭借企业、行业和高校的单方面力量就很难在社会主义市场经济发展和产业升级等背景下实现产教融合，其开展的有效性也难以得到保障，政策、法律环境的缺失也使得产教融合的发展制度难以建立，同时国家和地方的相关组织机构人员对产教融合进行相关部署、规划、推行和评价的力度也不够。这就导致了在助推产教融合的过程中政府的宏观管理与指导作用不明显，对产教融合的规范与助推力度不足，尤其是在校企合作与产教融合中缺乏相关的协调机构，使其缺乏产业部门以及政府部门的支持，使得双方的利益无法在政策层面得到有效保障，文化差异产生的冲突与运行中的系统性缺失等问题也导致其发展的动力不足。

在高校教育的发展过程中，由于受到传统教育与企业关系的影响以及职业教育观念的缺乏使得高校教育在与合作企业在决策、管理、执行等层面的文化差异十分显著，二者之间的文化差异是开展产教融合需要解决的重要矛盾之一。其中，学校社会服务、教书育人、文化传承与创新的职能发挥，高端技能型人才培养的首要任务与企业中最小的成本获取与利润获得之间具有较大的差异性，这是需要进一步调整和整合的，另外，在产教融合的具体运行过程中也存在着相关的发展障碍，首先，由于缺乏对产教融合的整体推进而并未从系统的观点来统筹运作和通盘考虑的问题仍然存在，这也就难以在办学诸要素与企业的运行之间形成特定功能的整体，其相互作用和有机结合也难以实现；其次，从产教融合的微观运行制度来看，其仍然还存在着待完善和不成熟之处，其中表现较为突出的是在运行中与学校中的现行制度所发生碰撞时而显示出的问题；最后，从产教融合的层次来看，现有的产教融合仍然停留在较为粗浅的层次，深度仍然不够，在技术开发方面仍然较为欠缺。这在学校与企业之间的主动性中就可以明显地表现出来，现今的合作更多地表现出了学校为了求生存而主动寻求企业的帮助，而反方向的作用力则较小，并未建立起真正可持续发展的产教融合的良性循环机制，这使得高校教育教学的资源转化为助推经济增长的动力目标仍然不能实现。另外，在运行形式方面，"校外实践教学基地"和"校内工业中心"等是其主要形式，其他创新形势的开发较为有限，难以满足产教融合的发展趋势。

四、社会主义市场经济背景下产教融合育人模式的整体性构建

产教融合是高校教育育人过程的本质体现，也是高校教育改革与发展的关键和根本，它涉及指导思想、配套政策、文化融合、课程建设以及师资提升等多个领域和内容，需要建立一套较为完善与规范的体系来实现。树立

"产教融合"的人才培养模式指导思想，需要政府建立配套性政策和法律体系。"产教融合"的人才培养模式是在遵循职业教育发展规律以及"以服务为宗旨，以就业为导向"职业教育方针基础上的一种创新，这种人才培养模式改变了以学校、课堂为中心的传统模式，通过动手能力以及实践性的加强来帮助学生完成学业并促进就业，从而实现高校教育人才培养模式的根本转变。在法律和法规方面，政府应该提供和完善产教融合、校企合作的法律和法规，通过完善的法律和法规体系来提供其发展的保障。"产教融合"的人才培养模式是一种职业教育观念的体现，所以，在此过程中学校应该认识到"面向社会、着眼未来、服务经济"的办学宗旨，在人才培养中加强与企业之间的沟通，将市场的短周期性与人才培养的长远性有机地统一起来，企业也应该明确地认识到对高校教育的支持与配合是企业的责任与义务，同时，企业也应该认识到实习学生的潜在价值，从而使二者在科学认识的基础上推进"产教融合"的深化。高校教育"产教融合"人才培养模式的改革一定是与社会主义市场经济的发展与产业转型升级密切相关的，这种现代化、生态化的高等教育需要教育、企业和行业的配合与支持，这也是全面提高高校人才培养产教融合的水平与教育教学水平以及社会服务能力的重要内容。与此同时，政府应该继续不断加大对产教融合、校企合作的支持力度，通过政策与法律的配套来支持其向前发展。现今，政府虽然对于管理机制、资金投入等方面提供了一系列卓有成效的指导政策，但是这方面的力度仍需要进一步的加强，其中在政策的导向作用方面也应该进一步的深化。在具体的人才培养过程中应该开设产业与优秀企业文化的基础课，通过这样的文化渗透来更好地实现产教融合中对企业文化的认同。另外，在课程教学与学科发展等方面也要渗透产业文化，尤其是在具体的产教融合过程中，让学生切实以员工的身份来接受和认同企业的规章制度，不断感受企业版的工业文化，学校可以通过结合专业特点在产教融合过程中使学生与职工共同参与社团以及文体活动等，来使二者的文化得以有机的结合。在校企合作的基地建设过程中也要十分注重将精神文化中的工作价值观深入其中，并将产业文化育人实践贯穿于育人的各个环节，不断形成师生的文化自觉。

另外，政府也应该通过对区域经济、教育、文化等领域的调查来因地制宜地出台产教融合的具体性实施措施与意见，并且通过此类实施办法、促进条例等来进一步助推产教融合的高速和高质量发展。实现"产教融合"中的文化融合，通过事务机构的建立来进行统筹规划，在进行产教融合过程中应该牢牢把握住文化的价值观主线，通过学校文化与企业优秀文化的因子融合来助推产教融合中文化的生成。首先，就需要通过产业企业文化进校园、教材与课堂来搭建合作文化载体，提升高校师生的产业文化素养。

"产教融合"的事务性机构在其发展过程中也是十分重要的，因为在企业、学校以及行业之间往往缺乏有效的协调与沟通机制，这导致了学校教育标准和企业的人才定位不对接，出现学校关门办学等问题，所以，应该切实建立"产教融合"的事务机构，在此过程中要十分重视行业作为重要元素的加入，通过制度设计与机制建设来建立权威性的事务机构，其可以与行业机构共同来统筹规划产教融合中的具体合作事宜，从而实现政府主导与行业引导的主体框架机制的健康运行，并进一步推进企业在产教融合中的主体作用，此机构的建立也有利于企业树立高层次的企业价值观，在与高校的合作中完成人才培养的任务，并且也能够解决在此过程中所产生的问题与纠纷。校企双方共同开发与实施优质骨干课程和教师一体化培养，构建产教融合的水平保护机制与评价体系。作为学科发展重要基础的课程建设是高校教育人才培养的核心环节，在产教融合过程中的课程开发要充分发挥高校和企业的共同作用来实现实践性课程的有效实施，围绕实际，通过岗位职业活动中的各种项目、工作任务等来设置实训实习项目，并且按照职业能力培养以及职业岗位要求整合课程内容，实现技术基础知识、素质培养、工作时间、专业能力训练以及职业培训有机统一的系统化课程体系，实现"教、学、做"的有机统一。

作为人才培养方案的执行者与实施者，专业教师的素质直接影响到产教融合的有效实施。在师资建设方面，要通过"一体化"教师培养来改变高校教师的初始学术性倾向，以提高教师的实践与职业技能培养的能力；在课程的开发过程中适应本区域的经济发展需要，在课程标准的制定中应该充分吸收企业一线的优秀管理人员的建议，建立突出职业岗位核心能力、融入职业资格考试以及职业素养的课程标准；在课程的功能方面要将传统单纯强调技能与知识的思路转向同时注重学生的情感态度、价值观以及学习的过程与方法的思路。

　　具体来说，可以通过教师企业实习、教师专业培训等形式来提高教师岗位技能，并逐渐了解现今企业的技术发展，另外，"双向挂职"机制在教师的专业素质发展中也至关重要，要逐步建立并完善高校教师定期到企业挂职顶岗的制度，与此同时，企业的专业人员也应该来校任教，使企业的技术骨干与专家在产教融合中指导学生的实习和实训。在产教融合的过程中，高校也应该根据经济社会的发展和企业的用人需求等来建立健全与产教融合相适应的产教融合的水平保护机制与评价体系，这种产教融合的水平保护机制与评价体系应该紧密结合学校与行业企业，由校内到校外延伸的全过程、全方位的产教融合的水平监控与反馈机制。在此过程中应该牢牢把握国家的职业标准和具体的专项的工作任务及具体专项的工作过程，实现学校、企业与行业之间的统筹，使学校所培养的人才与行业、企业的需求相对接，并以行业与企业的满意度为重要指标，从而建立科学有效的产教融合评价体系。

第二章 产教融合视域下的高校教学管理

第一节 产教融合视域下的校企合作教学实践

一、从不同角度谈校企合作教学实践

（一）订单式教学模式加强实践教学

在产教融合思想指导下，为了使人才的培养事半功倍，并突出高校的教育特色，这里以教学中英语教学为例进行说明。英语教学要进行创新，人才培养模式可以根据企业需求采用订单式教学模式，以企业对英语人才的实际需求为目标，并研究制定相对应的教学内容。

在教材方面，学校应加强教材内容与现实需求之间的联系。英语教师在选择教材时要树立正确的理念：一是教材要偏重实践，偏重应用，且结合国家战略下市场的实际需求等因素综合考虑；二是教材要有时代的前沿性，要与时俱进；三是树立正确的人才培养目标——培养时代需要的英语实用性人才。只有把握好以上三点，才能真正做到教材和现实紧密相连。在师资方面，教师要走进企业实践。要想培养出应用型英语人才，英语教师既要有高水平的专业知识，又要有丰富的实践经历，高校教师的专业知识和科研水平毋庸置疑，但缺乏企业的实践经验，因此培养"双师型"教师队伍是培育实践型人才的关键。英语教师要走进企业，熟悉企业对英语人才的要求，并积累实战经验，从而在课堂上更有针对性地提高学生的应用能力和知识水平。

（二）增强企业产教融合观念

企业要以互利共赢为理念指导，增强参与校企合作的意识与能力，企业作为构建产教融合命运共同体的关键主体，既是资源与实践平台的供给者，又是人才与产品的获益者。在校企合作过程中，企业的参与度与配合度

直接影响着工程人才的质量与水平，高校产教融合的建设反复提到要加强与企业的合作，打造共商、共建、共享的工程教育责任共同体。然而，要实现企业的深度参与，除了外部保障与激励措施到位外，企业还要做到以下几个方面：

首先，企业要树立正确的校企合作观，提高社会责任意识，充分认识自身在校企合作、产教融合中应承担的责任，并明确自身作为产教融合主体的地位；其次，企业还要强化自主创新与品牌建设的意识，深刻理解产教融合对企业人才储备与技术创新的重大意义，激发其参与校企合作的内部动力。当然，企业仅有参与意识还不够，还需对自身发展进行科学长远的战略发展规划，多方探索不断提高服务校企合作的能力。校企双方作为合作的主体，不仅要明确自身需求，还该应了解对方所需，特别是在新经济发展背景下，产业经济调整升级对企业发展与高校人才培养都产生了深刻的影响。

在校企合作中，校企双方所提供的应是各自发展最需要也最欠缺的，因而企业相关部门在与高校进行合作之前，需与合作院校进行全面深入的沟通与交流，在对其优势与不足进行客观分析的基础上，结合自身需求与能力，与合作院校共同商讨制定翔实可行的校企合作方案。只有这样，才能使校企双方资源得到最大程度的发挥与利用，并提高合作的效率与质量，真正实现教育与产业的深度融合，契合产教融合下的校企合作教学发展目标。

在校企合作过程中，派遣企业优秀工程人才到高校任职，这样既有利于提高高校工程人才培养的质量，又有利于将企业的发展需求准确传达给学校，促使高校工程教育改革更具有针对性；既有利于加强校企之间的交流与合作，又有利于提高企业服务校企合作的能力，且实现校企之间的良性互动，深化产教融合。我国高校发展至今，已经进入内涵建设的攻坚阶段，在国家大力倡导进一步深化产教融合的背景下，产教融合下的校企合作教学建设为职业教育发展提供了全新的发展方向与发展契机。政府、学校、行业、企业作为深化产教融合的重要主体，在对高校产教融合的发展现状进行深入了解的基础上，应进一步明确各自承担的责任与义务，通过构建产教融合命运共同体，在各司其职的前提下相互支持，以推动高校产教融合向下一个全新阶段不断迈进，同时，要培育高素质的工程技术人才，建设属于高校的产教融合下的校企合作教学建设行动。

（三）探索"工作室制"教学模式，推行研究式教学改革

1. 面向社会开放校企合作办学

以高校设计学院的"工作室制"教学模式为例，该模式具有典型特征，是产教融合成功的实践案例。下面就详细地分析一下"工作室制"教学模式是如何在产教融合视域下推行研究式教学改革的。

职业教育中的"工作室制"教学组织形式主要是指在项目教学理念的指导下，根据学生专业和知识结构的不同，将学生分到若干工作室，并在工作室负责人的主持下，带领几名专业教师对工作室的学生实施教学。其实质就是以项目为中心，以项目操作为主导，以最终成果为载体的新型教学组织形式。目前，众多职业院校在艺术设计、影视编导、动漫绘画等专业广泛运用工作室教学。"工作室制"教学组织形式以企业真实项目为中心进行教学，教室相当于企业车间，教师相当于师傅，学生相当于学徒，在这样的教学环境下，通过教师的指导，学生依靠自身的努力和相互协作，从而完成预定的项目。这种教学组织形式不但有利于学生熟练掌握专业技能，培养学生团队协作精神，而且学生可以依靠工作室这个学校内部窗口，了解企业真正的工作环境和技术需求，并且发现自己的不足，实现学校和企业的无缝对接。

建立"工作室制"的教学模式，对于设计学院毕业的学生来说可以直面就业，设计面对的工作以工作室的方式展开，既方便又快捷，工作针对客户一步到位，非常适合学生实习。工作室或开放性应用型人才教育的主体包括学生、教师和企业，只有处理好三者的关系，一切才能顺利发展。专业要面向行业企业，校内外师资必须互补，因此，聘请设计机构一线设计师参与教学是一项重要举措，由于企业设计师都有其所在单位的本职工作，他们来校参与教学的时间、担任的教学任务和开展教学的方式与学校的专职教师有所不同。过去，聘请企业设计师担任课程教学任务，像学校专职教师那样进行管理，既不科学，也不合理，难以持续，而"工作室制"的教学模式为持续开展提供了可能，可以做到因人而异、灵活选择，定期带课教学、点评环节预约参与以及讲座交流等多种形式就成为设计类课程教学的特点，它既发挥了企业设计师实践经验丰富的优势，又避免了企业设计师的时间碎片化的客观问题。

2. 打破课程壁垒，强化实践教学

由"工作室制"教学模式的改革实践可知，若要对学生综合素质的提高产生积极影响，就必须在课程设置和组织教学方式上进行调整，如果仍然沿用原有人才培养方案，以一门一门的课程进行教学，显然有所不适。因此，高校要以学生能力的培养为核心，对人才培养方案进行研讨和修订，注重学生的综合素质培养，使技术类课程、理论课及人文课程在课程体系中得到足够的重视；比如，在设计课中专门安排有关绿色、节能和生态等自主实验环节，学生经过实验操作，将模型、样品、方案图册和成果展板一起作为最终成果在期末展评中展出，在工作室进行校、企、生多方评价交流。而专业课程的设置，也要强调各专业间的融会贯通，从近几年学生设计作品来看，普遍比往届的成果要丰富很多，可以说为其今后的专业学习、毕业设计，直至走进行业企业打下了扎实的基础。

3. 打造公共平台，促进交流合作

基于核心能力培养的"工作室制"下的任务驱动和项目化教学模式为师生之间以及高低年级之间的交流与合作创造了条件。首先，专业的工作室就是专业的研究所、准设计机构，在工作室中，校内教师、企业设计师带领和组织学生参与设计项目，师生之间形成了良好的师徒关系；其次，工作室内部不同的团队之间也需要合作，而且将高年级工作室与低年级设计课相结合，在各个专业设计课程的阶段性展评考核环节，工作室的高年级学生作为教师的助教参与课程展览等教学环节。身份的转化和交流评价既促进了学生自身的学习，又为专业教学添加了"助教"资源，这些"助教"学生是设计类专业不可或缺的教学资源，更重要的是，这种文化可以流传，低年级学生将来会延续这种传统，具有可持续发展性。

4. 教科研项目化，稳固"专""兼"职队伍

应用型人才培养的定位和专业所对接行业企业的快速发展，都要求高校必须重视、建立和稳定具有一定数量和较高质量的外聘兼职教师队伍。以某设计学院为例，该设计学院的外聘兼职教师队伍来自其他高校同类专业优秀教师和相关行业企业的一线设计师，近年来，该设计学院加大了以相关行业企业设计师为主的兼职教师队伍的建设，考虑到学生项目设计能力的培养需要和企业设计师自身的实践经验优势，设计学院安排企业设计师重点负责

专题讲座、专业实习、毕业设计等实践性较强的项目化的课程；考虑到教学的规范性、持续性和可操作性，根据年级高低和专业的不同，他们实行教研组"理论教学"与"工作室制教学"紧密结合的方式，使理论与实践相结合，实现了设计构思、设计表现和设计物化等方面的充分融合。工作室人员构成项目团队，实行进出动态管理，极大地调动了学生的学习热情，"工作室制"运行期间吸引了相当数量的校内教师、企业设计师和优秀学生共同参与教科研项目，建立了比较稳定的"专""兼"职队伍，营造了良好的专业学习氛围，通过"工作室制"实现了校企合作、师生合作和生生合作。

5. 加强教学项目设计，提高学生实践能力

从教学改革与实践角度来谈，"任务驱动＋项目化教学"的"工作室制"是学校与企业的合作平台，也是教师与设计师以及学生在此开展专业知识学习和设计能力训练的地方，在这里，设计师把企业的任务或需求以项目的形式发布。教师根据项目的种类、规模和缓急情况，组建由学校教师、企业设计师和学生组成的项目团队，然后以项目为导向，以师傅带徒弟的形式在"干中学、学中干"，边学边做，开展真题真做或真题假做，并进行项目化的实践教学，训练学生的综合能力和快速设计能力（也称即战能力）。传统的设计实践教学比较关注设计题目的类型变化，并在各种类型的设计实训中解决其基本问题或单一问题。在"工作室制"的教学模式下，项目往往是企业的实际问题或者是行业的热点问题，而且项目的开展和结果还受到来自市场带给企业的竞争压力。因此，任务驱动下的项目化实践教学对教师、设计师和学生团队提出了更高的要求，一个项目下来，学生能够得到更多的综合能力方面的训练。"工作室制"的教学模式可以将理论基础教学与实际项目相结合，学生在教师的带领下进行实际的具体项目操作，并且在操作中消化理论知识，同时，该模式通过实践解决设计过程中的问题，为学生实践提供了良好的环境，将设计的实践性凸显出来。

"工作室制"教学模式是研究性教学与过程性考核为一体的创新教学模式，它不仅是引进项目，突出实践，还为研究性教学创造了良好的条件和氛围。首先是研究问题的导入和驱动，由于项目多是企业的实际问题或行业的热点问题，在项目进展中必然针对这些问题进行研究；其次是确定研究框架，建设考评体系。有效控制项目推进过程是教学的难点，项目是用研究框

架引导、控制过程的关键点，并建立分阶段的考评内涵指标，以保障研究性教学的推进。随着项目的推进，每个项目的设计作品都需要经历多次汇报交流，这样做的目的是，一方面可以整合多方智慧、提高作品的水平，另一方面锻炼了学生的表达和沟通能力，更重要的是开放的教学氛围充分调动了学生学习的积极性和自主性。在这样的教学模式下，各种角色发生了变化，提高了教学效果。

合作教学形式多样，包括校企合作、课程间合作和高低年级合作教学等多种方式。开放式教学表现在教学组织、师资队伍和受众者学生的开放，即教学场地和教学环节向企业开放、向其他高校开放以及向不同年级开放，比如，请企业设计师、其他高校同类专业教师运用定期带课教学、点评环节预约参与、讲座交流等多种形式。工作室除了期末公开展评外，中间也穿插校企合作的过程展评交流，以及与专业学习有关的学术讲座，力求营造出合作、开放的氛围和良好的人文环境。

6. "职业核心能力"课程教学实践

所谓职业核心能力，在国外被称为"职业关键能力"。职业核心能力是人们职业生涯中除岗位专业能力之外的基本能力，它适用于各种职业，并适应岗位的不断变换，是伴随人终身的可持续发展能力，也是人们从事任何职业和岗位都不可或缺的基本能力。如果学生具备了这些能力，将对他们今后的就业和职业生涯发展具有十分重要的意义。

7. 教学课程实践探索

在教学实践中，教师们采用"实践—总结—反思—完善—再实践—再总结"的研究思路，进行了以下几个方面的探索：其一，研究适合中职学校学生的核心能力课程的内容及学习目标；其二，探索适合中职学校学生的核心能力课程的教学方法与模式；其三，研究适合中职学校学生的核心能力课程的教学设计、组织形式及反馈评估方式；其四，研究核心能力课程对中职学生日常行为的影响并进行效果评估。

8. 提高学生素质，增强核心竞争力

职业教育要提高学生职业的社会竞争能力，即与人合作、与人交流和解决问题的能力，进而通过训练提高他们的就业能力。其主要做法如下：

（1）以培养学生的就业意识为先导

职业核心能力的培养不同于一般的知识理论系统的教学，其教学目标不在于掌握核心能力的知识和理论，而在于培养学生的就业意识、行为习惯、良好的心理素质等。

（2）以职校学生的爱学乐学为基础

职校大部分学生的特点是对学习缺乏主动性，其贪玩、好动、静不下心。由于专业课大多采用讲练结合，加之学生对自己的专业还算感兴趣，学习起来还不算痛苦，但是，他们对文化课的学习可就是另一番态度了。因此，核心能力课的教学方法必须改变以往文化课的教学模式，才有可能达到提升学生就业能力的目的。

（3）以游戏活动为载体

针对学生的实际情况，教师在许多方案中选择了学生最想要、最愿意以及最高兴的一种方式，那就是让他们在玩中学。教师可以游戏活动为载体，采用角色扮演、分配任务、拓展训练等形式进行本门课程的教学。在整个教学活动中，教师只是一个主持人，而学生是主体和参与者，他们通过积极主动地参与、体验、感悟与分享，最终增强"与人合作""与人交流""解决问题"这些方面的意识，养成一些良好的个人习惯，进而使自己的就业能力有所提升，为今后的就业服务。

（4）根据学生的反馈而不断改进

教师在教学过程中应随时征求学生的意见和建议。由于是两位教师同时在一个班上课，针对学生提出的建议，两位教师总是及时交换意见，研究、改进教学内容和方法，并不断总结教学经验，在摸索、创新、改进和总结中前行。

二、产教融合视域下的校企合作教学实践模式

产教融合视域下的校企合作有很多，通过学校和企业多年的合作，双方互相信任、互相支持，勇于解放思想、打破常规、大胆创新，以相互服务为宗旨、以共赢为目标，热情的付出得到了回报。归纳起来就是，针对企业的特点，寻找校企合作的结合点，成功创建了多种校企合作的实践模式。

第一种模式是挂职锻炼，培养"双能型"学生。校企合作是培养"在校能学习，在企能工作"的"双能型"学生的最好课堂，"双能型"学生素

质的培养离不开高校，更离不开企业。根据校企全面合作协议，为在读学生制订挂职顶岗计划，选派优秀在读学生到生产第一线挂职锻炼，再历时半年到一年，充分接触企业的生产实际，探索理论知识与生产实践的结合点，最大限度地发挥自身的学习能动性，并在实践中发现自身理论学习的不足，采取"理论—实践—再理论—再实践"的学习模式。挂职学生深入生产实际，直接参与一线生产和技术工作，实现与一线技工的充分接触，参与事故调研、分析和处理，参加企业技术研发、培训、科研等实际工作。具体的工作实践不仅能够提高学生的专业技能与社会工作经验，还能够密切高校与企业的技术联系，以稳固教学实践基地。

第二种模式是校企共建研发平台。高校具备较强的科研团队和完善的科研体系，企业具备较强的生产制造和市场运作能力，两者拥有不同的特点，但恰好使两者具有较强的互补性。

第三种模式是校企互聘互派，携手共发展。为实现更深层次的校企交流，更充分地实现资源共享高校可以与企业共同创建校企互聘模式。在企业方面，企业聘请高校资深教授作为企业技术顾问，并通过政府渠道，派驻企业作为科技特派员，实现日常对企业的技术和理论指导，且定期为企业技术人员举办理论技术培训讲座，讲解专业理论知识，介绍本行业理论研究与国际最前沿科技成果状况，使企业员工增长了见识，加强了理论学习，这对企业综合知识水平的提高有巨大的促进作用。在高校方面，学校聘请企业领导与高级工程师作为学生的兼职导师或生产实践指导员，实现了对挂职在读学生的生产实践活动的技术指导，定期为学校师生介绍当今行业生产制造能力、行业市场行情和发展前景等行业知识，对高校了解专业行情、促进学生择业就业具有宝贵的指导意义。

第四种模式是拓展渠道，建设"双基地"创新模式。在研发中心功能框架下，校企合作可以创建高校"科研培训基地"与企业"生产实践基地"的"双基地"创新模式，高校基地充分利用自身科研与教学实力，充分开展企业新型产品的开发与研究，同时肩负着企业员工理论技术培训的责任。企业基地重点为高校在校生提供参观实习与工程实践实习的场所，提高在校生认识实践的能力，提供动手实习的机会。在充分发挥"双基地"工作模式的基础上，校企双方利用他们在各自领域的影响力，进一步扩大基地范围，为对方提供更大的学习成长空间，比如，高校为企业引荐更多学界专家教授，通过培训进一步提高企业员工的知识水平；企业为高校学生协调其他实习基地，丰富高校师生的实习内容等。这些校企合作的教学实践模式都充分体现了产教融合的优势，在产教融合的过程中使学校与企业双方都受益，最终获得了双赢，同时在学生的学习生活、就业实践等方面也起到了促进作用，使社会对人才的需求得到充分满足，是现代社会成功的教学实践案例。

三、学生在校企合作实践中受益

实习是每一位毕业生都必须拥有的一段学习经历，它使学生在实践中了解社会，在实践中巩固知识；实习又是对每一位大学毕业生专业知识的一种检验，它让学生学到了很多在课堂上学不到的知识，既开阔了视野，又增长了见识，也是学生走向工作岗位的第一步，学生在产教融合下的校企合作中收获很多，体会也很深刻。学生得到的益处可概括为以下六个方面：

第一，促进了理论知识与实践知识的有机结合。在实习中，学生可以更细微地认识到专业知识在该行业的应用，也认识到理论应用与生产实践之间的差异，而且见识了生产中理论与实际的结合，学会了如何用理论指导实际、如何用实际反馈理论。

第二，增长了见识，对相关行业有了更清晰的认识，对自己的职业目标有了更明确的定位。在企业的实习过程中，学生对现实的生产有了系统的认识，了解了生产中各个环节的难点和重点；在日常的工作中，更有机会随企业领导到其他企业和展会参观学习，及时了解同行业的发展程度及与同行业内不同企业间的发展差距。通过与不同企业的接触，了解了相关行业的职位设置和职业需求，及时修正自身设定的职业规划，对自身的择业就业规划有着重要的指导意义。

第三，强化了专业技能，增加了职业竞争的砝码。进入企业实习之后，校企双方为学生制定了详细的实习方案，从刚开始的了解和熟知企业各个生产环节的认识实习，到老员工带教辅导性实习，再到最后的独立工作，这整个过程由简到繁、由浅入深，使学生逐渐掌握了工作所需的各项技能，也为将来毕业之后在激烈的职场竞争中增加了有力的技能砝码。

第四，提供了独立思考的机会，提高了解决问题的能力。企业的发展在于产品的不断创新，研发中心要在现有成熟产品的基础上不断推陈出新。

为满足设备各种工况的要求，学生需要在实践过程中解决各种各样的问题，学生通过在企业独立承担工作任务，加强了自身的独立思考能力，提高了解决问题的能力。

第五，提前了解学校生活与职业生活的差异，促进了自身角色的有效转变。通过一年多的驻企实习，学生充分认识到职业生活与校园生活的巨大差异，以及职业生活与校园生活的不同需求，为毕业后身份的转变提前做好了相应的准备，进一步保证了工作后角色转变的适应性，以便尽快适应职业生活，提升竞争力。

第六，形成了吃苦耐劳的作风。学校的生活节奏相对较慢，与职业生活中追求速度和追求效率有很大的差异，校企合作提供的实习机会能让学生形成吃苦耐劳的作风，比如，在某公司实习过程中，为了完成繁重的工作任务，学生往往需要较多的加班时间，这个过程可以有效考验学生承压的能力。

第二节 产教融合视域下不同专业的教学实践

国家经济社会发展进入了新常态，工业化、信息化的深度融合带来新业态、新技术、新模式等新经济蓬勃发展。新兴产业发展对人才的创新性、实践性需求日渐渗透融入人才培养的各个环节，迫切要求高校创新教育培养模式、组织形态和服务供给将教育内容向社会延伸，以加快校企协同育人。当前，国家高度重视产教融合发展，旨在发挥教育变革发展与产业转型升级相互引领、互为支撑的重要作用，且共同推动经济社会协调发展，但实施过程中却存在着各方参与积极性不强、融合难以深入的现实问题，大多学者对其原因的探讨多是从产教融合的顶层设计和制度层面的宏观状态分析，而缺少对企业、学校、政府、行业等实施主体进行深入的微观原因分析。作为实施产教融合的重要主体，高校要深刻认识到产教融合的发展内涵，找到制约产教融合发展的现实困境与解决方案。

一、服装设计与工艺专业教学实践

（一）专业特点

服装设计与工艺专业的目标是培养德、智、体、美、劳全面发展，具有广泛的专业理论知识和扎实的专业技能，并具有良好的职业素质，面向设计、掌握结构、熟悉工艺的能适应社会主义市场经济需求的服装生产第一线高等技术应用型专业人才。服装设计与工艺专业的最大特点是专业的应用性和实践性很强，要求学生具有较强的专业技能和创新能力，如何将服装设计的理论教学与服装工艺的实训教学更好地、更有效地融合是高校服装设计与工艺专业实践教学的重点和难点。

（二）校企双主体教学平台建设

以"专业融入产业、教学融入企业"作为办学理念，学校高度重视产教融合工作，经过多年的研究，包括针织专业在内的纺织专业群积极探索与纺织行业企业相适应的合作办学模式，创建的四种校企双主体教学平台分别是职业教育集团平台、政校企共建校内实训基地平台、校企共建校外实践教学基地平台以及企校联合搭建项目平台。

1.联合组建职业教育集团平台

由学校与纺织协会联合牵头成立的纺织职业教育集团，以纺织产业和纺织专业教育为纽带，集聚了纺织类大中专院校、行业协会、研究院所、检测机构及省内外纺织服装企业等多家成员单位。集团充分整合各方优势资源，深化校企合作，创新学校与企业协同育人的体制机制，以协同创新为突破口，构建协同育人新模式，校、企、行共建纺织专业群实习实训基地，在订单培养、实习实训、招生就业、师资队伍建设、员工培训、技术研发等方面开展校企深度合作，形成了资源共享、互利共赢与共生发展的良好局面。

2.政校企共建校内实训基地平台

平台充分利用省财政资金、学校专业建设经费、企业支持等，围绕"专业训练、技能提升、技术先进"的要求，持续推进校内实训基地的建设。校企合作开发校内实验实训项目，既为学生夯实专业理论知识、提升专业实践技能、接受系统性专业教育提供了保障，又为校企合作开展技术研发、技术技能培训等创造了条件。

3.校企共建校外实践教学基地平台

依托纺织产业集群优势，通过校企共建、共享、共管的合作方式，针织专业可以与多家关系稳定和资质优良的企业联合，共建大学生校外实践教学基地。企业不仅为学生的基地教学实习和顶岗实习提供了真实的环境和岗位，并选派技术、管理骨干和生产技术能手担任实践教学指导教师，还选派技术和管理骨干参与专业人才培养方案的制定、实践教学课程体系的构建、实践教学标准的制定、人才培养质量的评价等工作，实现校企双主体办学。

4.校企联合搭建项目平台

省、市、区行业协会和商会通过牵头组织相关企业和学校，以行业技能竞赛、标准制定、教材编写等项目为纽带，共建项目合作平台，如针织专业教师与纺织行业协会合作开展送教入企、技术咨询、技术鉴定、项目论证、培训教材编写以及职业技能大赛等项目与活动，组织学生参观企业、参加或观摩相关职业技能大赛等。这些项目与活动平台不仅极大地提升了专业教师的实践教学能力，并帮助专业教师及时了解和掌握产业发展的新动态，还促进了学生对行业技术和企业文化的了解，帮助学生提升职业岗位技能，更好地增进了专业与产业、学校与企业的融合，为校企合作办学发挥了积极作用。

二、针织技术与针织服装专业教学实践

（一）校企双主体办学实践教学体系的构建与实施

在职业教育教学中，实践教学是培养高素质技术技能型、管理型人才的关键，也是提升学生职业岗位能力的关键。针织专业的实践性很强，其主要面向针织及服装行业培养具有良好的职业素养和职业技能、创新理念和实践能力以及具有针织产品和服装服饰设计、生产管理、贸易销售、营销管理等岗位能力的技术技能型和管理型专门人才。结合针织行业企业岗位能力需求及创新型人才需求的特点，按照人才培养方案"基本技能培养—专业技能培养—综合技能培养"的递进顺序培养，突出专业学习的职业性、开放性和创新性，针织专业充分依托校企双主体办学平台，构建了一套以"专业认知实践、专业课程实训、技能竞赛实践、基地教学实习、顶岗实习、毕业综合实践"为核心内容的阶梯递进式实践教学体系。

（二）纺织服装类的顶岗实习

通过阶梯递进式实践教学体系的实施，当学生对纺织行业企业的相关岗位职责有了一定的认识后再进行顶岗实习。学校提前遴选校企合作基础好的纺织服装类企业、贸易公司、检测机构及研究院所等到学校召开供需见面会，让学生与这些单位进行双向选择，让学生到用人单位的实际岗位进行顶岗实习。企业作为顶岗实习管理工作的第一主体责任方，须安排学生的实习岗位，指定专人对学生进行实习指导，帮助学生在真实的工作环境和岗位上尽快适应岗位职责要求，提高工作能力，同时，企业还须对学生在工作、学习及生活方面进行监测和管理，对学生在实习过程中遇到的问题及时跟进和处理。顶岗实习是专业教学的重要组成部分，学校对顶岗实习工作同样担负有主体责任，学校专业教师须与学生、企业保持紧密联系和沟通，并经常下企业现场指导，对学生的实习情况进行监管，与企业师傅共同对学生的实习情况进行考核和评价。由于学生在顶岗实习时需要履行其实习岗位的大部分职责，基本上是独当一面，因此对学生具有较大的挑战性，对培养学生的专业技能、工作习惯、职业道德等都有极大的促进作用。

（三）针织技术与针织服装专业毕业综合实践

在学生开始顶岗实习时，针织技术与针织服装专业教学计划中的最后一个实践教学环节就是毕业综合实践报告的撰写。此项任务在学生顶岗实习时就已布置，学生在针织技术与针织服装专业教师的指导下，根据实习期间的岗位和职责，选择与针织技术、与针织服装专业相关的课题撰写总结报告。

第三节 产教融合视域下的教学管理实践成效

一、杭州职业技术学院达利女装学院产教融合示范基地介绍

近年来，我国产教融合下高校取得了很多实践性的成效，下面以杭州职业技术学院达利女装学院为例进行详细说明。杭州职业技术学院与达利（中国）有限公司进行深入的产教融合，并且杭州职业技术学院达利女装学院被立项为浙江省高等学校省级产教融合示范基地（第二批人才培养类示范基地），示范基地的名称即为达利女装学院，主要涉及针织技术与针织服装、纺织装饰艺术设计、服装设计与工艺（时装零售与管理方向），经过多年的努力，取得了非常好的产教融合实践成效。

二、产教融合示范基地建设详述

（一）目标规划

杭州职业技术学院达利女装学院依托达利集团的全球资源，创新"校企共同体"人才培养模式，政、校、企共建全国一流的时尚女装工程创新中心等平台，将达利女装学院打造为时尚女装技术技能人才培养的"新高地"，并在体制机制创新、人才培养、社会服务等领域取得重大突破。

杭州职业技术学院达利女装学院服务于中国"世界纺织强国"和杭州"国际女装之都"的建设，深化校企命运共同体教学模式，依托达利集团全球资源，将达利女装学院打造为产教融合体制机制创新的"先行者"和时尚女装国际化人才培养的"新高地"；其主动对接产业发展，实施"1+X"证书制度改革，成为产教融合模式下教育教学标准的制定者；联合行业和高校共建全国一流的女装制版技术教育创新中心等平台，成为杭州女装产业发展的"新引擎"。

（二）建设内容与计划

1. 创新人才培养模式改革

学院以"精技能、重复合"为目标，创新"校企共同体"人才培养模式改革。一是推进人才培养模式改革，助推达利国际申报产教融合型企业，构建基于女装产业链的专业建设发展机制；重构课程体系，试点基于"1+X"的人才培养模式改革；实施"金顶针"计划，培养拔尖的创新人才。二是以"课堂革命"为突破口，深化教材与教法改革，对接企业技术创新，更新课程教学内容，开发数字化新形态教材；推进智慧课堂和虚拟工厂的建设，构建新型教学生态。三是以"建标准、促交流"为主线，开发女装职业教育教学国家标准，依托与全球知名丝绸女装企业——达利国际集团共建产业学院体制机制的优势，率先试点"1+X"证书制度改革，实现"岗位基本能力"和"岗位拓展能力"培养双线并进，并对接X证书标准实施课证融通，以研促学推进专业互融，"双线双融"推进高技能复合型人才培养模式改革。

（1）"1+X"的人才培养模式改革

梳理逻辑架构，试点基于"1+X"证书制度的人才培养模式改革，第一学年开设专业群共享课，第二学年同步开设专业分立模块课程和专业互融模块课程，一线基于"岗位基本能力"设置职业知识、技能、素养等能力递进的专业分立模块课程，对接职业能力标准，以实现课证融通；一线基于"岗位拓展能力"设置适应力、竞争力、创新力等能力递进的专业互融模块课程，跨专业组建学生团队和导师团队，从磨合期到成长期，再到成熟期，秉承项目产品从简单到复杂的螺旋形设计理念，开发初级产品研发、创意产品研发和承接中小微企业的产品研发项目，并融入创客理念的教学模式，建立过程评价和市场认可度相结合的评价体系，提高学生的创新能力，实现专业互融；

通过"双线双融"达到以研促学和以学促研的目的，增强学生的岗位拓展能力。

（2）"金顶针"计划

实施"金顶针"计划发挥时尚优势，占据女装技术技能人才培养高地，以多渠道培养国际化女装技术技能拔尖创新人才。学院依托全国技术能手大师工作室和全国教学名师工作室，采用"导师制"培养专业群拔尖人才，组织参加国内外技能大赛，通过以赛促教，实现职业技能和职业素养的互融互促，在建设期内，学生参加国家级大赛并有4项获奖；联合国际服装院校共同开展时尚女装工作坊的研发项目，由外籍教师、技术能手及教学名师组建指导团队，由中外学生组建研发团队，采取国际开放和协作交流的培养方式，通过成果展览、产品研发交流等形式，激发学生的创新意识；发挥名师名匠的榜样引领作用，培养学生"精益求精、耐心专注"的工匠精神，通过参加境外研学、国际时装展演等活动，拓宽学生国际视野，提升审美鉴赏能力，在建设期内，学生连续3年参加国际大学生时装周。

（3）强化"美育"融入，重构时尚特征突显的专业群课程体系

以女装产业链的女装面料开发、女装产品研发以及产品销售等岗位能力需求为导向，按照"宽基础、精技能、重复合"原则，以"1+X"证书制度改革为引领，系统构建"基础共享、专技阶进、研学交融"的专业群课程体系；根据时尚女装产业岗位群之间既各自独立又相互依附的特性，搭建专业群共享课程平台，以培养学生时尚女装产业基础知识与基础技能；对接时尚女装产业面料设计、女装针织、梭织产品研发、女装营销四个方向建设四大模块化课程，培养学生不同专业方向的岗位技能；开设专业互融模块课程，培养学生可持续发展与多岗迁移的职业能力。

学院强化类型教育思维，将思政教育、劳动教育、美育教育和工匠精神融入课程体系，通过"党课团课""团日活动"等融入思政教育，强化立德树人，坚持社会主义办学方向；通过"志愿服务""公益活动"等融入劳动教育，传承中华民族传统美德，弘扬劳模精神；通过"艺术论坛""师生优秀作品展"等融入美育教育，提升学生的美学修养和鉴赏能力；通过"技能比武""创意设计大赛"等融入工匠精神，塑造学生精益求精的职业素养。通过四年建设，学院以专业群共享课夯实"宽基础"，以专业群模块课锻造"精技能"，以专业群互融模块课实现"重复合"，重构了时尚特征凸显的专业

群课程体系。

2.创新实践实训平台

学院以"建载体、创机制"为举措，构建技术技能创新实践实训平台，强化产教融合模式下的教学资源库与实训平台的建设。一是以"开放、共享"为重点，建设与时俱进的动态教学资源库与"实物展示、新技术体验和技术研讨"三位一体的特色资源中心；二是以"融产教、通育训"为路径，打造高水平实践教学基地，完善共享基础实训室建设，优化岗位技能实训室建设，同时共建达利女装研发中心、日本岛精电脑横机培训中心等"校中厂"。利用学校和企业资源共同建设"校中厂""厂中校"等生产性实训基地，为人才培养提供真实的学习环境；深化企业真实生产环境的实训基地建设，在校内"引厂入校"，在校外"厂中建校"；全面推行面向企业真实生产环境的任务式培养模式；鼓励达利女装学院实训工场（工厂）在企业的支持与协调下进行真实化生产，且以真实生产项目实现生产过程和教学过程的有机一体化；完善达利产品研发中心建设，聚焦时尚女装产业"时尚、科技、绿色"转型升级的需求，以提升自主创新能力为核心，并以加强时尚女装产业技术研发和成果转化为抓手，构建多层次、宽领域、高水平的科技创新和产教融合平台体系。三是以"建载体、创机制"为举措，打造技术技能创新平台，提升师生技术技能服务创新能力。

3.构建协同育人机制

学院以"建平台、融产教"为路径构建校企互惠共赢的协同育人长效机制。学院发挥校企共同体办学体制优势，完善校内外师资、基地、设备多方协同管理机制和绩效导向的日常管理机制，以提升社会服务水平，增强自我造血功能，确保可持续发展。一是以"强协同、融资源"为宗旨，完善校内外师资、基地、设备多方协同管理机制，增强自我造血功能，完善毕业生质量跟踪调查机制，健全可持续发展保障机制；二是以"建平台、创品牌"为抓手，提升社会服务水平，总结成功经验，探索"混合共建、委托共管、发展共赢"的混合所有制办学，打造"全国女装高技能人才培训中心"，建成女装职业体验中心；三是完善绩效导向的日常管理机制，出台产教融合基地绩效评价办法，保障基地使用成效。

4. 按时完成建设计划

学院以"目标明确、进度可控、指标可测"为要求，高质量按时完成建设计划。学校结合实际，根据各项目的建设内容和建设目标，按年度梳理出各个单项任务，合理安排建设进度，以确保项目建设的有序性、时效性和建设质量。

（三）产教融合，实现校企深度合作

1. 完善"校企共赢"长效合作机制

实施理事会领导下的院长负责制，深化和完善"校企共赢"长效合作机制；优化校企合作治理结构，实施理事会领导下的院长负责制；完善院长与厂长、专业组长和车间主任以及教师和师傅的对接联系制度，推进产教融合深度发展。

2. 校企共育高端人才

完善女装立体裁剪等共享基础实训室的建设，优化成型服装制版等岗位技能实训室的建设，引企入校，共建女装研发中心等培训中心，创新校企多元合作育人模式，以渐进式拓展专业外延，动态调整专业结构，确保人才链与产业链精准对接；在学校建立企业工作室，实施"教师进企业，大师进课堂"计划，打造一支高水平"混编"实战型教学团队，推进现代学徒制改革；校企共育成型服装"高端工匠"，填补国内全成型服装制版人才培养的空白。

3. 深化校企合作，提升社会服务能力

校企携手打造全国女装高技能人才培训中心和申报服装制版师职业技能鉴定考评点，面向区域、产业开展技术技能培训，合作共建纺织服装工程创新中心，致力于解决企业生产中的关键性技术难题，并促进成果转化。

4. 打造"一带一路"服装职业教育共同体

依托达利国际集团的国际产业背景和资源优势，服务"一带一路"建设和国际产能合作，发挥"校企共同体"办学优势，形成"走出去"发展战略。

5. 校企共建标杆实训基地

针对女装产业岗位群共通的基础能力需求，围绕"厚基础"，完善女装立体裁剪、服装制版缝制一体化等共享基础实训室的建设，针对女装产业岗位群专项专业技能需求，注重"精技能"，并且优化时尚女装研发、毛衫工艺设计、成型服装制版等岗位技能实训室建设。

（四）共享策略

加强政府、行业、企业和高校的"政行企校"多方联动，围绕教学、培训、研发、大赛、技能鉴定等，并通过拓展教学资源共享的深度和广度，逐步构建起多方合作共赢的新型资源共享平台。

1.建设服装专业"教学资源"共享平台

聚焦于引领女装产业发展，共建全国一流的女装制版技术教育创新中心和特色资源中心等平台，依托国家级职业教育服装设计与工艺专业教学资源库，及时地将新技术、新工艺、新成果转化为教学资源，建立动态更新机制，推动服装国家级专业教学资源库的高质量优化升级，辐射国内职业院校。

2.建设服装产业"区域资源"共享基地

完善与优化"三大平台"（女装创意设计协同发展中心、女装制版技术创新教育中心、女装产业大数据平台），建设"四大中心"（工程教学中心、大师技术服务中心、女装销售服务中心、学生创新中心）、"五个实训室"（女装立体裁剪、服装制版缝制一体化、时尚女装研发、毛衫工艺设计、电脑横机等岗位技能实训室），实现优质资源辐射产业的共享效应。政、行、企、校共同研制实训基地建设标准，健全实践教学基地共建共享机制，提升师生技术技能创新能力，致力于解决企业关键性技术难题，实现优质资源辐射产业的共享效应。

三、杭州职业技术学院产教融合实践成效

（一）校课程教学资源建设成效

1.整合各方资源，完善专业群国家级教学资源库建设

学校邀请教学名师和企业专家组成教学资源建设小组，对接岗位要求开发课程标准，科学设计典型教学项目，融入新技术、新工艺、国际化等最新建设元素，并通过项目操作实现教学目标，形成典型教学项目库；对接"X证书"技能考核要求，合作开发实践操作试题库；精细化推进课程实施，以行动导向的任务引领教学为主线，进行课程整体设计和单元设计，实现课程建设"三对接"（课程目标对接岗位要求、教学内容对接工作任务、评价标准对接岗位能力）。

推动服装国家级专业教学资源库的高质量优化升级，建成服装专业群教学资源库。以"全覆盖、精制作"为要求建设素材库，制定素材开发技术

标准，联合企业共建生产案例库、协同时尚传播公司共建流行信息库以及聘请企业技术能手共建操作视频库，并引入服装行业发展的前沿技术和最新成果，以视频资源建设为核心，开发微课、大师操作视频、新技术应用视频等，颗粒化资源达 10000 件以上；以"结构化、强应用"为要求开发标准化课程包和个性化课程包，发挥辐射引领作用。以视频、动画、课程学习项目、任务实训项目等组建模块化课程教学资源包 18 个，开发企业培训资源包 100 个；依托达利国际集团的全球资源优势，联合英国曼彻斯特时尚学院、意大利欧洲设计学院等国际知名服装院校，共建多语种"服装专业国际教学资源库"，引进国际先进的时尚女装产业技术标准、人才标准、教学和管理理念，制定教育教学标准，包括专业标准、课程标准、行业标准等，秉承着合作、开放的理念，更好地服务于"一带一路"沿线国家职业教育发展。

2. 引领产业发展，建设"三位一体"特色资源中心

联合资源库共建院校，以优化服装设计国家专业教学资源库应用提升为导向，建设多个实物展示、新技术体验和技术研讨"三位一体"的标准化国家教学资源库特色资源中心，以满足师生教学、研发的需求，并服务中小微企业，拓展青少年职业体验服务。一是建设时尚女装馆，展示国际前沿新型面料、高端定制样衣、杭派品牌女装代表作品、大师手工艺饰品等；二是建设新技术体验区，应用高科技展示手段和交互式体验，建设三维试衣区、服饰品 3D 打印区、智能制造数字化展示区和服装款式数字化拼接区等，体验者可以亲身体验这些制作和设计过程；三是建设交流互动区，联合设计师协会、服装制版师协会、针织工业协会等定期开展服装设计沙龙、制版技术交流培训、工艺设计交流培训等一系列学术交流活动。

3. 强化结果导向，构建课程教学资源共建共享机制

充分发挥主持服装设计国家级专业教学资源库的平台优势，联合全国资源库共建学校，成立资源库建设领导小组，完善资源库共建共享制度。制定资源建设激励机制，鼓励院校和行业企业积极建设新的优质资源，充实资源库，及时将企业资源、学校技术开发及科研成果转化成教学资源。充分运用需求导向，面向企业开放，支持企业利用教学资源库对员工开展女装技术技能提升培训，开展岗位技能等级认证考前培训，拓宽企业员工学习提升路径，提升女装行业人员的整体素质。

（二）课堂、教材与教法改革成效

1.对接企业技术创新，开发新型活页式、工作手册式教材

制定教材动态更新机制，完善教材选用机制。联合高等教育出版社、国家专业教学资源库共建院校并成立教材编写委员会，系统构建服装专业群教材体系，以高标准的微课和视频资源为载体，及时融入企业技术研发和创新成果，开发数字化新形态教材，实现线上与线下学习的有效衔接，使学习者可通过各种终端随时学习，拓展教学时空，满足学习者的个性化学习需求。为适应时尚女装流行信息和技术更新迭代快的特征，开发活页教材实时更新教学内容，融入新技术、新工艺、时尚资讯等编制"活页教材＋活页笔记＋功能插页"三位一体的新型活页教材，引入企业真实工作任务作为教学内容，联合企业开发与岗位工作实际配套的项目任务书，引导学生按企业标准进行任务操作，且同步开发设备使用、保养手册和工艺标准手册等，通过资源库引领全国同类院校专业建设。

2.强化教学时空变革，推进智慧课堂和虚拟工厂建设

系统构建硬件环境，建设20个集统一身份认证、多屏互动、精品录播、互动教学、远程教学等于一体的智慧教室，以"互联网＋"的思维方式和大数据、云计算等新一代信息技术打造智慧课堂教学。改进教师传统授课方式和方法，融入师生互动与教学评价，结合远程互动和教学场景的数字化手段，打造新型教学生态系统，实现课前云平台备课、发布学习任务以及分层教学的辅导习题，使用课中即时提问、随堂测试、学生演示等多种交互模式，在课后学情分析、个性推送与复习巩固，最大限度地提升教与学的效果。与达利国际等企业合作，采用虚拟仿真、虚拟现实（VR）、增强现实（AR）等技术手段，在校内建立服装虚拟仿真实训室和虚拟工厂（实训室），模仿服装企业生产环境，虚拟增设一些企业岗位，让学生在实训过程中担任一定的角色，开展"服装生产管理""服装三维试衣"和"服装外贸跟单"等虚拟仿真实训项目，使教学内容和方式与企业的实际工作情境相吻合。全面破解信息化手段和课堂教学创新相融合过程中的难题，实现全天候的教学时空环境，促进教与学、教与教以及学与学的全面互动，使课堂教学工作的开展更加高效，进一步提高人才培养质量。

3. 深化线上线下融合，推进多形态教学方法改革

为适应女装产品开发"多部门协同、多循环反复"的特性，重构模块课程教学组织，从单一教师授课向团队教师授课转变，不同专业研究方向的教师与企业专家组成混编教学团队，并负责款式设计、结构设计和工艺设计等各个环节的任务实施，课程教学团队制定教学实施方案，明确各自分工，相互间既相对独立又相互衔接，每位教师深入研究自己所负责的单元，通过真实项目实施和与企业专家的切磋，大幅度提升专业教师的实践技能，促进双师素养的整体提升。针对专业互融模块课程，跨专业组建学生团队和教师团队，承接企业产品研发任务，完成全品类的女装产品设计，不同专业的学生可以接受品牌研发相关岗位更多的知识，以拓宽学生的知识面，增强团队合作能力，为学生的可持续发展和迁移能力的提高打下扎实基础。

学校根据企业转型升级对员工技能和素质的新要求新标准，全面推进教学改革。对接女装产品研发流程，实施 CDIO 任务模块教学，使学生完成从构思、设计到实现再到运作全过程，营造出真实生产环境，开展真实任务实训，实现职业素养和职业技能"双提升"。以学生的真实获得感和职业生涯发展为导向，推进导生制教学、真实项目教学、模块化教学等多形态教学方法改革，更加高效地提高课堂效率和活力。依托国家职业教育服装设计专业的教学资源库，全面推广线上线下混合教学法，以学生为中心，促进自主、泛在和个性化学习，进一步提高学生的学习质量和效率。

（三）高水平教师团队建设成效

学校以"双师型、结构化"为导向，打造高水平教师教学创新团队，以建立一支善教学、精技能、能研发的专兼结合的双师结构教学团队为目标，校企共建"双师培育基地"，并建立双师培养保障机制，实施教师能力提升"四大工程"，构建教师队伍分层分类培养体系，提升专业群教师的教学、科研与技术服务能力。

1. 依托校企共同体，打造"身份互认、角色互换"的双师队伍

建立校企"双向兼职、双方培养、双重身份、双重保障"的双师培养机制，实施"教师进企业，大师进课堂"计划，打造一支高水平"混编"实战型教学团队。建立教师企业工作站，实施教师企业服务工程，错峰安排教师进企业顶岗实训，每年至少 1 个月，以推动专业教师深入企业参与生产实践与技

术创新服务。企业专家在学校建立企业工作室，常驻学校，将企业真实任务引入教学，组建教师师傅团队，共同开展教法研究和技术服务，打造"身份互认、角色互换"的双师队伍。

2. 实施"四大工程"，培养女装专业群领军人才

（1）实施专业群及专业带头人"登峰工程"

在政策与资金上加大支持力度，引进和培养具有国际视野和统领能力的专业群带头人，支持其参加国际一流服装高校研修培训和国际高端学术交流，且担任国际知名服装企业的技术总监或设计总监，使之成为国内一流的教学名师；培育学术水平高和行业权威专业带头人4名，支持专业带头人开展国内外高等学校访问研修和学术活动，开展本专业领域的技术攻关和成果推广，使之具备全面提升、引领专业发展的能力；培养具有一线丰富实践经验并在行业内有一定影响力的企业专业带头人，定期邀请其参加教学研究活动，以高水平引领专业发展。

（2）实施骨干教师"名师工程"

聘请国内外职教专家、技能大师担任骨干教师导师，每年选派2～3人进行为期三个月以上的海外研修访学，参与海外合作项目，开展校际交流等，以掌握国外先进技术，拓展骨干教师国际化视野。通过组建工作室、下企业锻炼、教师进企服务等形式，培养名师、名匠各15人，打造优秀创新团队7个，包括3支双师教学创新团队，2支技术创新团队，1支创新创业导师团队和1支人生导师团队；鼓励教师参加现代信息技术教学应用能力的培训和信息化教学比赛，开展全员职业技能等级证书培训，提升骨干教师引领企业技术革新和时尚信息技术应用能力，积极参加国家级教师信息化教学技能大赛，打造一支课程开发能力、技术服务能力和产品研发能力强的骨干教师队伍。

（3）实施青年教师"青蓝工程"。

开展骨干教师与青年教师结对活动，充分发挥骨干教师的"传、帮、带"作用，为青年教师的发展创造良好的平台，促进青年教师专业成长，提升青年教师育人能力，通过"筑师魂、育师德、带师能"的要求，加快青年教师职业教育教学能力的提升。

（4）实施兼职教师"名匠工程"

建立与优化行业企业技能大师人才库，从国内外知名服装企业柔性引

进一批实践经验丰富、技术技能水平过硬的企业专家和能工巧匠，充实专业群教师队伍。定期开展兼职教师教学业务培训，提升兼职教师授课水平和信息化教学能力，实施企业兼职教师与专任教师结队构建"教学拍档"，共同承担课程开发、课程教学和工作室建设等任务。

3.聚焦教师引领发展能力，打造国家级双师培育基地

整合服装行业协会服装制版师分会、设计师分会，建立学校教师与企业技师共享共培师资发展平台，遴选深度合作企业建立双师培育基地2个，每年组织教师参加专业领域职业资格培训，在面料开发、时尚女装款式、女装结构、毛衫设计、时装搭配和服装陈列等领域培养一批技术能手。通过应用型课题项目研究，解决企业生产中的关键性技术难题，并积累技术经验和研发成果，培育具有引领产业技术革新与创新能力的复合型师资队伍。

4.创新教师教学团队

聚焦领军人才培养和人才梯队建设，实施教师能力提升"四大工程"，培育行业有权威、国际有影响的专业（群）带头人、名师名匠，整合行业企业资源，共建国家级双师培育基地，培育教学名师。

第三章 产教融合与高校教学管理一体化

第一节 产教融合与高校一体化机制

一、构建"五位一体"联动机制

一体化指的是高校教学管理在整个教学过程中，从理论教学到实践教学、从课堂教学到课外教学、从校内教学到社会教学、从学校教学到实习基地教学，进行统一计划、全程规划、相互结合，从学院领导到专业教师、学生生活教师、班主任，做到全员关注、全体教导，形成高校教学管理的完整体系，建设以供需共赢为基础的校企合作、产教融合机制。"一体化"在这里是指关系属性的形态。校企的本源体是分离的，是不同的主体，但其内在的某些联系促成了相互的深度融合，称之为"一体化"。依据上述解释，这里的"一体"是"化"的结果，是关系中的一体。就层次而论，校企一体化与校企合作比较，其依存性更为紧密，是深度的结合。学校与企业本来是独立的两个主体，由于两者间存在着某些共同的价值诉求和利益相关的诸多要素，而使学校教育与企业生产相得益彰，真正体现出教学性生产与生产性教学的结合，这就是校企一体化的基本形态。另外，校企一体化与校企一体也有区别，所谓"化"，表明这种校企一体不仅是有形的一体，更是合作体制机制契约下的一体。高校产教融合一体化机制反映了产业转型升级与高校教育管理内涵发展的因果关系。职业院校、行业企业要合作进行技术技能人才培养，共同进行技术研发、共同肩负起社会责任，从而成为利益共同体和发展共同体。

"五位一体"中的"五位"分别指政府、行业企业、高校、科研单位和市场及社会这五个方面，并将这五个方面结合为一个整体、相互融合、相互促进、相互联系，所以才有了"五位一体"这一概念。构建"五位一体"联动机制，形成合作的长效机制，在宏观层面构建权力的合理分配、利益共赢、责任共担的高校办学的合力机制，通过构建"学园城"（即学校、园区、城市）一体化平台和契约化管理确保校企一体化的深度融合，从而解决校企合作体制层面上的问题。"五位"中政府主导办学方向、项目开发和经费的投入；行业企业全面参与学校教育过程；学校是育人服务和社会服务的主体；科研是五位一体质量的保障，也是五位一体的动因；市场及社会是服务的起点和终端，同时评价与检验校企一体化培养人才的质量。"一体化"的目标是形成各要素有机整合的"教育服务利益联合体"。通过专业建设与课程建设改革研究，推广"校企一体化教育流程"的教学成果，从"教学性生产流程"与"生产性教学流程"的"链系统"完善企业全面参与学校人才培养的途径，由校企共同担当育人的责任，全面推行生产与教学、质量监控与评价为一体的教育改革。

全面分析五位一体化的办学模式、产教一体化的教学模式和学做一体化的学习模式，突出职业核心能力、岗位迁移能力和可持续发展能力的培养。通过构建"链系统"，来解决产教融合、五位一体化中教与学有机融合的问题，针对教育主体的教学流程与生产主体的工作流程，并通过节点关联和双方利益保障，促使五位一体化的生成。

五位一体化模式具有参与主体多样性的特点，包括学校、行业企业、社会、学生、科研单位等。因此，其人才培养质量的评价主体也是多方面的。构建五位一体化评价体系，自我评价与第三方评价相结合，可以促进人才培养质量的提高、深化产教融合策略、加快产教融合与高校一体化机制建设，进而为社会人才培养战略提供保障。

产教融合、五位一体化办学机制还可以从完善管理政策，建立健全科研服务基础动力机制入手。

一是完善科研奖励制度。从科研管理政策角度加以"前期引导"，调整学校整体绩效经费的分配方案，减少工作最对应的个人津贴，甚至废除工作量对应个人部分津贴收入的制度，将节省下来的资金作为对高级别的科研项目、论文及其他成果奖励的来源，以此加大对科学研究的扶持力度。其中涉及科研奖励制度文件和绩效经费分配方案的调整和完善，需要科研、人事、财政等部门协作、学校自上而下重新调整设计。这就使其中一部分善于从事科学研究的教师在前期可以用心研究。

二是完善考核聘任制度。从考核聘任政策角度加以"中期引导",调整完善学校考核聘任制度。根据学校实际教学科研、社会服务的实际布局需要,进而对教师进行分类,如"教学偏重型"、"科研偏重型"、"社会服务偏重型"、"教学科研并重型"、"管理科研并重型"、"管理教学并重型"等,对各种类别的岗位所对应的考核指标、聘任指标分别进行布局和设置,指标的数量和特征分别对应于岗位类型的特征,为教师职业生涯发展提供更多的可能性,这就使其中一部分善于从事科学研究的教师在中期都可以安心研究。

三是完善职称评审制度。从职称评审政策角度加以"后期引导",调整完善学校职称评审制度。在原有的教学、科研、社会服务评价指标体系的基础上,适度增加新的评价指标,并去除陈旧且不适用于新时期学校发展需要的评价指标;在原有的评价导向基础上,适度调整人才职称评价导向,将以往大力提倡教学的价值取向转变为以教学、科研为内涵建设,以社会服务为外延提升的价值取向,从而体现学校在输出科研服务和促进社会经济发展方面的美好愿景。这就使其中一部分善于从事科学研究的教师在后期都可以安心研究。

二、政府、社会、学校"三位一体"的互动机制

在有效开展创业实践教育过程中,高校的当务之急就是构建系统性创业发展机制。在开展创业实践教育过程中,应该将高校、学会、行业组织、政府等多种力量整合到一起,在一致目标的引领下为社会培养多样化应用型人才。依靠多方力量和协作机制,在政府、行业组织等力量推动下多头并举,明确各个责任主体在其中发挥的作用,发挥其探索精神,追求育人新途径。要想提升学校、政府和社会等多股力量的凝聚力和作用力,一方面需要具备相应的创新意识和创业精神,而另一方面还需要构建"三位一体"创业实践体系。在该体系中,政府应当发挥主导作用,在高校创业实践教育中做好领导工作。该项教育关乎大学生自身的利益,关系到改革发展后备力量的储备。因此,各级政府必须认真践行相应的职责。政府在推出多样性创业优惠政策基础上,还要为广大创业大学生提供必要的创业环境,为未来的"大众创业,

万众创新"新格局做好顶层设计。在该体系中，作为实践主体的企业和社会应当整合资源。高校创业实践教育应该通过相应措施强化企业参与性。企业作为该机制建设的最直接受益者，在整个创业实践体系中是最重要的主体。因此只有调动企业在该体系中的积极性、构建创业实践教育平台、增强校企联合的目的性和全员性，才可以真正达到高校创业实践教育的最终目标，同时也才可以填补社会对高层次专业人才需求的巨大缺口。在该体系中，学校作为创业实践教育的核心应当夯实基础。

高校是创业实践教育活动的组织者和引导者，学校应该根据社会和企业的需要开展针对性教育，并在市场经济检验下不断提升教育质量，高校教育需要利用每一份优势，打造品牌化创业实践教育课程，同企业构建生态性互动机制，让创业实践人才符合社会和企业需求，从而助推创新驱动战略高速发展。创业实践教育作为一项系统性的教育工程，其作用的发挥离不开成熟教育体系的支撑，这也是提升高校主导作用、强化政府政策保障作用和巩固社会支持作用的要求。打造"三位一体"的创业教育实践系统，保证创业实践教育体系的多方互动和开放性、保证创业实践教育环境不断优化、依靠系统性教育活动促进大学生创业能力的稳步提升，从而让创业教育真正在高校落地生根，并成为高校培养创业创新人才的一个品牌形象。

三、建立校企一体化教育机制

建立校企一体化教育机制就是在不同链接点上找到相通连动的内因和外因。校企一体化中的专业链与产业链、课业链与技术链、能力链与人才链就是"一体化"的连接点。专业设置的重要依据是区域行业产业人才需求的动态和趋向；专业知识和课业体系的安排则参照企业生产的核心技术及项目生产必备的理论基础知识；综合产业与技术对人才素质的要求，通过根据学校的教育教学活动进而强化学生的专业技能，并提高学生的动手能力。最后，高校与企业一体化教育机制的目标是实现利益双赢。

一方面，确保育人质量是机制构建的重要目的，同时也要为合作企业提供优良的服务，发挥高校人力、智力、技术、科研等优势，为其合作企业排忧解难，从而获取更好的生产效益。

另一方面，合作企业在保证计划生产和利润的同时，也应和学校共同担当育人的责任，为了技能型人才的培养，在一定程度上可以牺牲一些企业的利益。

高校企一体化教育机制的操作体系将五大要素类归于两大生态系统，即学校教学性生产生态系统和企业生产性教学生态系统。在本机制教育性主导理念下的校企一体与一般校企结合的区别就在于学校的专业实践教学，甚至校内的专业性实训教学是在生产过程（或模拟性生产、拟景式实验）中完成的，使专业性与生产性紧密结合在一起。这种变革充分体现了教育机制项目化的特征，实现了专业教学实践与专业生产实践的链接。所以，本机制被称为教学性生产生态系统。另外，在本机制下，因学校服务的介入和企业自觉分担了育人职责的履行，企业的生产性与学生的学习性生产在内容和形式上达到了高度统一，从而使生产职能增加了教育性，在同样的产品中注入了不同的内涵，形成了生产性教学的新模式。这是与一般企业生产的重要区别。所以，此机制被称为生产性教学生态系统。

校企一体化的教学与生产两个生态系统的次系统呈链状结构，而且两者间的链接点也相互联系和相互作用。产教融合与校企一体化机制运行的最终目的是达到学校、企业的利益多赢。首先，校企一体化的基础平台是学校和企业，两者相互联系的特征是教学性生产和生产性教学。但在各自体系的构成上，次生链有明显的差异，如生产性教学融通于企业生产系统之中，而绝非为了改变企业的生产性质。因此，企业的生产是特定的、具体的，也由此分化出众多的行业或企业，构成同类或他类的产业集群和产业链。确定了产业后，随着产品生产环节的分类，需要对主要技术进行分解，生产的统一性促成了相关技术的统一性，即分中有合、合中有分，生产技术链由此形成。技术表现的主体是相关的专业人才，这是企业生产生态中不可缺失的因素，以生产产品的技术需求配置专业技术人才，人才链便由此生成。同理，学校教学系统的内在次生链也可分为专业链、课业链、能力链等节点，这也是由学校教育的规律所决定的。

学校专业人才培养目标需要专业及专业群来实现。当专业确定后，体现专业不同或执行专业计划最重要的载体是课业，它包括了大量的学科群和活动网；职业教育课业教学的落脚点是准职业人才的培养，而专业实践教学的重点则是职业能力的培养。可见，学校教育与企业生产的运行规则各有侧重，甚至存在着根本性的区别，在研究校企一体化关系时，需对比引起重视。

学校（教学性生产）和企业（生产性教学）通过紧密结合构造出一个包含专业链、产业链、课业链、技术链、能力链、人才链的成体系的整体性构架，在此过程中建立了完善的教学性生产生态系统和生产性教学生态系统。两大系统相互联系又相互独立，从而构成了一个紧密相关的产教融合与高校一体化的教育机制。

四、产教融合与高校一体化的招生和考评机制

在产教融合的政策下，高校构建的校企一体化机制具有层次性。高校、企业、社会等各方面都有自己相应的位置和级别，也就是说他们都有各自所属的层次，并且各个层次之间理应可以顺畅衔接，这就要求了高校建立与之相匹配的招生考试制度。扩大职业院校招生自主权是现代职业教育发展的趋势。高校经过实际探索，对于不同领域的从业者，应采取与其相适应的选拔方式，并为其制定不同的培养和学习方案以及灵活的学习模式，从而保证了校企一体化机制的层次性和开放性。高校要健全以产教融合为前提的考评机制，为经济生产和社会建设发展培养能从事管理、操作、服务工作的一线高端技术技能应用型人才。

当今社会，人才的就业与发展面临着激烈的竞争。在这样的大环境下，科学合理的人才培养考评机制就成为了提高院校工作的针对性和实效性、突显毕业生优势、帮助学生顺利实现就业和创业、提高人才培养质量的重要保障。高校以往的人才培养考评方式比较单一，其缺乏诊断性评价和鼓励性评价。另外，在评价主体上缺乏企业的参与，也缺少对行业企业考核员工标准的参考，这样就使培养的人才与行业企业标准脱节，因此不容易达到行业企业的标准，缺乏实操性。

基于上述问题，在构建校企一体化机制的过程中，高校应积极探索人才培养模式和与之相对应的人才培养考评机制，努力保证评价结果的真实性和客观性。高校应引入企业参与评价制度，学院依托企业积极扩宽职业指导途径，了解市场的新变化、新需求，充分利用校企合作平台，主动进行信息共享，并积极引入企业用人标准，从而促进人才培养与成功就业，使就业的学生免除培训，直接上岗，为行业企业降低人力资源成本，在满足各岗位需求的同时达到了多方面的互惠共赢。高校要细化考核程序，以针对以往考评方式粗放单一的问题，要主动向优秀企业学习先进的人才管理与评价机制，

根据学院实际进行升级、改造，逐步分解评价指标、细化评价程序、优化评分标准、增强考评的客观性。

第二节 产教融合与高校一体化平台

一、建设创新平台体系

（一）创新平台建设

高等教育的特殊性决定了其具有应用型高等学历教育和高技能职业教育的双重性。高校遵从应用型高校的办学属性和技能型人才培养的目标，同时肩负着社会的科技服务和高级专门技能人才培养的两大使命。显然，传统的教学方式已经不能适应当今时代的要求，因此让高校教育资源社会化和社会优质资源教育化产生良性互动，让产学研近距离对话，建设集真实性生产、职技实景性教学、新技术研发为一体的平台显得至关重要。

创新平台是积极发挥政府管理职能、有效保障教育供给和引入企业参与创新协同育人的平台，它可以促进教育链与产业链的有机融合，并引导教师建立跨专业、跨产业的开放式科研思维模式，同时开发新专业、新项目、新课程，推动产业与教育在"技术研究和人才培养"的双融合。推动复合型、创新型技术人才的培养可以为地方产业发展提供技术支持和人才支持。在产教融合的政策下，校企共建实训基地、引厂驻校、大师工作室、交通工程技术中心平台等共同构成了创新平台体系，相互渗透、互为支撑、互为动力，从而呈现出科学研究、技术研发、管理与制度创新的新形态。

（二）产教融合是创新平台体系建设的前提原则

产教融合在现代职业教育体系建设中要坚持走产教融合的发展道路，同时要有力地推动职业教育融入经济社会发展和改革开放的全过程中，在专业设置与产业需求、课程内容与职业标准、教学过程与生产过程等多个层面和多个角度实现教育与产业的有效对接，将推动技术进步与变革生产方式作为职业教育的重要任务之一，以职业教育的"职业"属性，积极促进经济的提质、增效和升级。创新平台体系建设就是有效整合高校、行业企业资源，保持实训平台设备设施与企业技术的同步更新，以深化产教融合为着力点，以产教深度融合平台建设为依托，将校企协同育人贯穿于教育教学改革的全过程，切实增强高校学生的实践和创新创业能力，从而全面提高技术技能型人才培养质量和职业教育服务能力。

（三）产教融合是创新平台体系建设的制度主线

产教融合是现代职业教育体系建设的主线，基于此，创新平台体系的建设应当是多元主体的共同责任，各级政府、行业、企业、学校和社会各方面将共同参与平台体系的建设中，从而推进产教融合在创新平台建设中的贯穿和落实，特别是通过制度的创新，积极为创新平台的建设提供制度保障。政策必须适应环境变迁的方式，但也不并排斥政策对环境的能动性。职业教育作为社会分工后的产物，其政策必然受到社会宏观政治、经济的影响。从历史上看，无论是国家本位还是市场本位，政府关于产教融合的政策范式在很大程度上都影响着产业部门对职业教育的认可度，尤其是对职业院校人才培养质量的认可度。政策范式的不对称则会使产教融合过程中两者的有效衔接陷入困境。相反，若政府可以通过合理的政策，准确引导产教融合的进行，则有助于实现教育供给的升级换代，满足经济社会发展的需求。

（四）产教融合是创新平台体系建设的政策导向

产教融合在现代职业教育体系建设中的实施路径，是现代职业教育体系建设的重要政策导向。例如，在规划上要跳出就教育而论教育的思路，须将职业教育纳入产业发展和城乡建设的规划。这就确保了职业教育与产业将在规划阶段就奠定了融合的基础。在此基础上，根据区域经济和社会发展的需求，运用科学的方法去预测经济社会发展对各类人才的需求，并使职业教育准确对接这些需求，从而构建适应区域经济社会法制化、区域产业结构化的职业教育层次；在职业院校内部，课程建设与实训基地建设应当与技术进步相适应，适度超前储备新兴产业急需人才。同时，紧扣人社部门以及相关行业组织联合发布的年度分行业、分岗位的人才就业状况和需求预测，并建立起专业动态更新与预警机制，处理好教育与产业发展之间的关系，最大限度地为产业发展提供人才保障与技术支持。

新建的城市以及城市的新区和各类产业集聚区应当科学规划职业教育的布局和相关专业的布局，统筹教育和产业资源，进而推动产教融合发展。职业教育与产业发展之间的关系与生俱来，其源于社会分工的需要，也与分工的专业化发展息息相关。但是，专业化分工在一定程度上使教育与产业之间产生了"裂痕"。因此,在产教融合的趋势下,可拉近两者的距离,并在新的发展阶段重新促进两者的融合,但仅靠两者自身的努力显然是不够的,因而必然需要一股社会力量的推动来促进这个融合。在这股社会力量中,首要的则是政府与相关部门的政策支持,这是产教融合不可或缺的主导推动力。职业技术学院创新平台体系建设项目就是在此基础上孕育而生的。

二、成立创业学院,开展创业教育

成立创业学院是学院普及创新创业教育的又一创举。创业学院不仅对全院学生普及创业知识、培训创业技能,还通过自愿报名的原则,每学期都面向全院学生招收有创业意向的学生进行系统培训。

学院积极推进创业就业教育课程的改革和创新,使创业就业教育课程逐渐趋向多元化。高校所使用的教材有时候是需要学校授课教师亲自编写的,编写教材的重点则着眼于毕业生就业与创业的需要,分别从职业文化、职业心理、职业技术、职业能力等方面实施就业素质培养,帮助学生了解就业创业的有关知识;发展自己的职业认知、职业能力、职业兴趣和个性特长,并树立高尚的职业理想和正确的就业创业观念;培养良好的职业行为习惯,提高自己的综合素质;克服在就业创业时存在的盲目性,自觉根据社会需要和个人特点,顺利就业或自主创业。

通过创业园区建设,搭建创业创新服务平台。学院与当地政府、行业协会、企业、新闻媒体及时沟通,整合各种社会资源为创业教育服务,进而推动大学生创新创业的社会环境建设。创新驱动社会服务以院办产业和科研机构作为创新主力,积极推动"产学研市"结合,不断提升服务创新驱动发展战略的能力。推动体制机制改革,以高校社会化服务、政府咨询服务、技术研发推广服务、文化创意引领、科技产业园区等形成社会服务链,同时提升高校直接服务经济社会转型升级的实力,从"跟着企业走"变为"引领企业走",主动对接区域社会经济,从而推动区域协同创新发展。

教学、生产同时进行,要求学校的实践教学计划及安排要结合企业的生产;同时企业安排学生的实践岗位要尽量考虑与实践教学的计划和内容相联系。技术资源共享就是强调高校的人力、智力、研发等优势与企业的生产、技术、市场化等优势充分整合,从而使之成为教育与生产共享的资源。课程体系的共建就是把专业课程与具体的专业核心能力结合起来,使专家与行家共同为学生制定课程。

引领教学的校企双方的专业队伍共建是优势互补和资源共享的重要体现，让合作专业的教师成为企业的技术顾问和新产品研发的骨干，让企业的技术师傅成为学生生产实践的指导教师，从而提升校企双方专业团队的实力。校企利益共赢是一体化所追求的最终目标，在合作目标确定后，需要对合作的实质内容进行分解，其中"四化"要求不能忽视，"四化"指的是课程范式项目化、课程组织多样化、课程实践生产化和课程成果产品化。课程范式项目化强调实践课程要将专业性融入相关的专业生产项目之中，以专业生产过程的关键知识与核心能力安排实践课程；课程组织多样化强调实践教学并不排斥传统的课堂教学模拟性的实训教学等，倡导课程组织的灵活性、多样性；课程实践生产化强调专业的实践课程要突出专业生产的知识特性和技术特性，尤其是在真实的生产过程和生产环境中，培养学生的专业技术及应用能力是最关键的要求；课程成果产品化是校企一体化实践教学绩效评价的特殊要求，因学习是真实产品生产中的学习，实践性产品的质量将是评价学生学习态度和知识应用及迁移能力的重要指标。

创新创业教育流程的最后层级是检测和评价。本流程依据学习主体、合作主体间的"满意"程度从四个维度建立评价体系，学生满意度是最核心的标准，也是整个流程的重中之重，流程也考虑到校企一体化的多面性，提出了校企合作双方的满意度评估。另外，高校同样肩负着重要的公益服务的社会职能，校企一体化的效应不仅作用于相关联合体之间，还不可避免地会产生社会辐射及先导作用，放大高校社会公益服务功能，让更多的行业企业共享高校的优质资源，这是社会满意度的意义所在。

第三节 产教融合与高校一体化教学建设

一、多功能产教融合基地的运行机制建设

产教融合基地本身兼具有学生专业实训、社会服务和创业素质教育三项功能，因此，社会对其运行与管理提出了较高的要求。

（一）建设合理的组织队伍

高水平的管理队伍与业务素质过硬的师资队伍是产教融合基地运行管

理机制实施的组织与人员基础，高校应当遵循行政主管部门相关产教融合的规定与要求，坚持校企双方合作管理、协同育人的原则，设置由参与各方相关人员组成的管理机构，并分为决策和执行两个层次。其中，决策机构可采用董事会、理事会和管委会等形式，执行机构针对基地的三重功能具体设置相关管理部门。对于基地的各级管理人员，要求其熟悉生产经营、专业实训、创新创业教育三种业务，兼备三重管理能力，为建立适应基地复杂情况的高水平管理队伍夯实基础。对于在基地承担任务的教师，包括部分优秀企业员工担任的兼职教师，因为兼具着技能岗位师傅、实训课程教师、创业导师三重身份，要求其练就、提升多重本领，将自己打造成胜任多重岗位的复合型教师，使自己具有过硬的业务素质。组织机构兼具三重管理任务，管理队伍兼备三重管理能力，教师与部分企业员工也兼备三重本领，他们相互之间形成强大合力，为多功能基地的运行与管理夯实了基础。

（二）构建利益驱动机制

在多功能产教融合基地中，学校的主要目标是育人，企业的主要目标是盈利，合作双方的目标并不完全一致；管理人员、教师与部分员工承担了过多的任务，这些必然会对多功能基地的运行造成障碍，若要根本解决，必须构建并实施利益驱动机制。对于高校，不参与利润分配，但以基地名义获得的专利、奖项等知识产权或荣誉，保留与企业分享的权力；对于企业，除优先向其推荐基地培养的优秀毕业生、拥有专利等知识产权的分享权力之外，盈利全部归其所有，若多家企业共同参与，要依据出资份额进行分配；对于教师，除了享受学校正常待遇之外，按实际履行的岗位职责及完成的工作量另外发放津贴，承担生产、经营业务任务的由基地核发，承担实训教学、培养学生创新创业素质任务的由学校计算教学工作量；对于管理人员以及兼职教师，按照教师标准执行；对于实习学生，除了不交养老险、生育险和住房公积金之外，享受见习员工待遇，若在基地承包经营项目或从事创业活动，所得归其所有。

二、高校产教融合机制建设的主要内容

（一）建立产教融合的法律法规体系和操作层面的机制政策

地方政府要依据法律和法规，建立产教融合的地方政策体系，增设可以统筹职业教育与行业企业这两个社会组织机构的行政管理部门，负责制定

相关政策法规及其实施细则，并对产教融合相关制度的执行进行监督，指导职业院校与行业企业进行交流合作，评价各单位产教融合项目的实施情况。在实际工作中，对参与职业教育成效明显的企业，在政府的社会服务项目招标中会被优先考虑；要对企业产教融合行为进行明确的政策支持并给予相应的奖励和税收优惠；对高校实施产教融合绩效的拨款方式，并督促与保障产教融合的教学质量和社会效益，为产教深度融合提供保障。

（二）构建行业参与产教融合的沟通对话机制

强化各级政府、行业主管部门、行业协会等对企业和高校产教融合工作的指导，帮助他们解决产教融合过程中的重点和难点问题，政府、行业企业、高校等相关单位要定期开展沟通对话活动。在对话活动中，将产教融合过程中的政策、资金和项目诉求传达给政府；将行业企业的人才需求、产业新技术发展等实时传递到高校，以促进高校更新专业教学标准和课程内容；将学校的人才培养数量、规格、技术研发和积累的成果传递给企业，促使产教双方在人才培养、产品研发、技术革新、成果转化、文化创新等方面的项目合作，并利用高校信息网络技术的优势，在高校建立产教融合信息平台，服务于产教双方不同的需求。

（三）构建校企一体的创新机制和实验教学机制

政府应支持校企合作双方进行技术研发及人才培养的项目，并给予校企双方一定的资金支持。同时，高校要联手骨干企业建设面向行业企业的创新服务体系，共建功能集约、资源共享、开放充分与运作高效的技术或产品研发中心和实践基地，引领区域企业生产，解决应用型人才实践动手能力培养的问题，为企业生产提供更多的直接技术支持，高校还要充分发挥自身较强的科研能力，将其运用于企业产品的改造、升级以及新产品研发中，缓解中小微企业缺乏创新精神以及科研能力的现象。总之，高校要积极与企业建立在技术研发、成果转化、平台建设、项目申报、实习实训以及毕业生就业等方面的长效机制，使产教融合的企业得到持续高质量的发展。

（四）构建面向行业企业的专业机制

产教融合将促使行业企业参与到高校教育教学的全过程中，发挥行业企业在专业建设中的主导作用。通过产教融合，推动高校专业建设适应新技术和新产业发展的需要，建成紧密对接产业链、创新链的应用型人才培养专业体系，建立科学的动态调整和优化专业的机制，打造一批有特色、产业链急需的应用型和复合型专业群。另外，要通过产教融合，促进专业教育和创业教育有机结合，比如，校企共建大学生创业孵化基地和创新创业训练项目，通过合作开展多种形式的技术技能竞赛，努力提升学生的创新创业能力和技术技能水平，以达到培养目标。

（五）建立产教融合的高校人事分配机制

通过实施"互聘共培、双岗双薪"，促进企业技术人员参与专业技术人才的培养，让他们承担"教学企业"的实质工作，实现教学与一线生产技术相融合的目的。在产教融合机制建设中，高校要突破以身份管理为基础的人事分配制度，建立校企相互融通的、绩效型的岗位分配制度，使教师和企业技术人员无论是在学校还是在企业都有相近的收入，这样才能持续地将企业的顶级人物引入学校，学校的教师才能真正地走出学校，服务于社会和企业。

（六）建立产教融合的高校内部管理机制

通过转变高校管理者的思想观念，适度增加高校的商业元素，尝试使用一些商业运作手段，来鼓励企业和公办高校合作建立适用公办学校政策、具有混合所有制特征的二级学院；鼓励专业技术人才、高技能人才在高校建设股份合作制工作室，使产教融合的股份制二级学院享有充分的人权、财权和事权。在产教融合发展中，高校要围绕行业企业的人才需求和技术需求，不断地调整和完善内部管理机制，同时，要根据自己在地理方位、教师结构、服务行业企业等方面的情况，形成具有行业特色的办学模式，建立现代职业技术型的大学治理机制。

（七）建立高校产教融合的教学运行机制

高校的各专业群要针对不同产业及不同类型企业的不同需要，建立不同的产教融合机制和内容。高校要建立符合行业企业生产规律和学生职业生涯发展规律的产教融合教学模式，打破原有的学期制和固化的课程周学时制，建立弹性学制和"工学交替"的课程教学周活动计划机制；要充分利用专业优势，建立大学生创业园、科技园和产教园，将学生在园区的工作绩效纳入到学分管理体系；要鼓励企业进驻校园，并和学生社团联合从事经营活动，使学生了解行业企业实际经营的过程，寻求校企合作的新模式。

（八）增加对产教融合的宣传机制

要加强社会舆论的正面引导，为高校产教融合提供舆论方面的支持。相关的地方政府和学校网站要设置产教融合发展动态、优秀产教融合案例、优秀专业技术人员、优秀毕业生、地区工匠、非遗项目及非遗传承人等栏目，转变社会对技能技术型人才的认识，提高技术技能型人才的社会地位，并持续提高职业教育技能技术人才培养的质量，不断夯实高校和行业企业的合作基础，深化产教融合。

（九）建立职业学校的专业设置机制

职业教育是面向社会培养应用人才的教育，其具有外生导向性，而且专业设置必然会遇到专业设置风险与专业周期风险。因此，职业学校一方面应采用"分布决策、阶段教学"的专业教学组织形式来降低风险；另一方面要特别重视校企合作，使企业在专业设置决策中发挥出重要的指导和信息咨询作用，例如，我国职业院校应借鉴国外经验，在课程开发和专业建设中兼顾各方的利益，课程设置需要以就业为导向，并兼顾学生的能力培养与未来职业生涯发展，学校一方面可以引入订单人才培养机制，这既有利于学生就业和降低专业风险，又有效构建了校企间的供需共赢。除了直接面向具体企业的订单培养外，还可以采用面向行业企业和区域的模式，使职业教育专业和课程设置具有应用性和实用性，从而满足企业对于高级专业性人才的需求；另一方面就是要做好基础课和专业课建设，为学生的全面发展负责。除了确定就业导向的订单培养外，职业学校更多地还是在开展非订单教育，此时院校要加强专业建设，形成特色品牌优势，以此来增强学校的吸引力。职业学校非订单专业的设置与建设也一定要以社会需求为导向，并主动适应地方产业经济发展和产业结构，同时协调好专业稳定性与市场变化之间的关系。专业特色要做到专业设置同区域经济结构和产业发展相结合，满足区域经济发展需要。在课程改革中，要准确反映劳动力市场变化趋势，为社会提供专业结构恰当的高级应用型人才，因此，学校不仅要让企业参与到学校研究和制定培养目标、教学计划、教学内容和培养方式等工作中来，还应引导产业部门一起将培养目标落到实处，共同做好人力资源有效开发的工作。

三、"五学—六位"互动教学模式的构建

"五学—六位"互动教学模式，即"导学—督学—自学—辅学—互学"

的五学混合网络学习方式与"赏—教—学—做—创—评"六位一体的课堂教学方式的互动教学模式。把教师的"教"建立在学生"学"的基础上，真正实现"以学生为中心"，促进整体教学质量的提高。

（一）五学混合网络学习平台的构建

系统化设计的网络学习平台不仅可以帮助学生进行在线的自主学习，还可以作为课堂学习的有效补充来辅助课堂教学。网络学习平台建设要强调以学生自主学习为中心，同时伴有学习平台引导学习、教师监督学习、学习资源辅助学习以及师生互动学习，充分体现"导学—督学—自学—辅学—互学"的五学混合网络学习方式。导学——学习平台引导学习，学习平台导航栏目要清晰，教师可以利用导航栏目直接引导学生学习；督学——教师监督学习，教师可以直接在学习平台监控学生的学习进程，查看学生登录次数、在线时间、资源下载、浏览情况、发帖、回帖等，能有效监督学生学习；自学——学生自主学习，课程资源应包括课程标准、教学设计、电子教材、多媒体课等；辅学——学习资源辅助学习，教师为学生课程学习、专业学习提供辅助教学资源平台；互学——师生互动学习，利用班级空间、在线提问、交流论坛、作业与考试、微信公众平台、微信交流群等平台，实现师生与学生之间互动交流、相互学习。例如，效果图制作项目。赏——案例欣赏。学习开始时，师生共同欣赏优美的效果图或者身临其境地感受三维动画，双方分析探讨效果图的制作流程、软件类型、空间构图以及色彩搭配等，在美的熏陶中，激发学生学习效果图制作的兴趣，以此来增加学生和教师之间的互动，也使学习效果得到很大的提升。教与学——模仿操作训练。采用案例教学法与任务驱动法，给定一张效果图，教师演示所运用的命令与操作方法，操作示范完成后，让学生同步模仿完成类似的效果图制作，且当场消化本次学习的知识技能，教师现场进行辅导和答疑。做——自主操作实践。教师给定素材，由学生根据所学知识和技能自由发挥，完成项目，提高学生独立操作能力。该训练模式主要在第二课堂完成，教师主要通过网络学习平台进行辅助教学，要求学生上传作品到网络学习平台，师生共同点评或学生互评作品。创——项目实战训练。教师直接承接公司项目，要求学生根据客户需要完成效果图制作，一方面可以达到学以致用的目的，另一方面可以让学生积累实战经验，提高综合能力，从而实现零距离上岗。该训练主要在实训室完成，采取模拟公司制,结合专业的"分层教学、优生优培"方式,强化优秀学生的培养。评——项目评估与总结。采用学生自评、互评与教师评价相结合的形式,以提高学生的团队协作能力、人际交往能力、分析表达能力和审美水平等,同时采用过程性评价与终结性评价相结合的形式。

在课程设计方面,合理化采用基于企业的"岗位任职要求"与"效果图制作流程"设置教学项目,根据行业企业发展需要和完成职业岗位实际工作任务所需要的知识、能力和素质要求选取来教学内容,全面而准确地理解"工学结合"的办学模式,从课程的实际出发,采用模拟公司制,通过案例分析、任务驱动、角色扮演、知识迁移、团队协作和竞争意识等的训练,提高学生的就业竞争力和社会适应性。在课程教学的同时,教师可以利用第二课堂成立效果图制作中心实训室,学生可以在教师的引领下承接项目,真正实现与企业的"零接轨"。

(二)教学手段多样化

"五学—六位"互动教学模式采用课堂教学与网络教学相结合的形式,且针对重点和难点,创建基于翻转课堂的微课堂,强调"以学生为中心的分层教学",课堂教学按照"赏—教—学—做—创—评"六位一体的教学方式实施。在网络自主学习时采用"导学—督学课程设计方面,合理化采用基于企业的"岗位任职要求"与"效果图制作流程"设置教学项目,根据行业企业发展需要和完成职业岗位实际工作任务所需要的知识、能力和素质要求选取教学内容,全面而准确地理解"工学结合"的办学模式,从课程的实际出发,采用模拟公司制,通过案例分析、任务驱动、角色扮演、知识迁移、团队协作和竞争意识等的训练,提高学生的就业竞争力和社会适应性。在课程教学的同时,教师可以利用第二课堂成立效果图制作中心实训室,学生可以在教师的引领下承接项目,真正实现与企业的"零接轨"。

(三)考核评价多元化

"五学—六位"互动教学模式采用过程性评价和终结性评价相结合、知识技能考核与职业素养考核相结合以及教师评价与学生评价相结合的多元化考核评价方式,同时根据不同学生的实际情况采用分层次考核方式。另外,教师特别强调学生对网络学习平台的使用评价,希望每一位学生充分利用学习平台自主学习,每一次登录、点击、下载、作业与发帖都会成为最终考核评价的一部分。

（四）课程资源立体化

"五学—六位"互动教学模式构建了全方位、立体化的网络课程教学资源，课程标准、教学方案设计（包括重点与难点、教学活动项目设计表、课程进程表、整体教学设计和单元教学方案设计）、选用教材、考核方案、PPT课件、电子教材、课程录像、景观图秀以及素材资料馆等教学资源全部可在网上浏览和下载，任何学生在任何时候、任何地方都能借助网络进行自主学习，不受时间、地域的限制，让学生学习有更高的自主性。另外，课程网站提供了软件学习视频、工学结合、设计空间、考证指南等多种学习内容，学生既可以学习结构性强的知识体系，又能够接触大量的专业信息资源，了解行业与专业的最新发展动态，有利于培养终身学习的能力。

根据校企合作中暴露的各种问题，在借鉴其他国家先进经验的基础上，从校企间供需共赢关系的角度出发，对其合作机制进行了理论分析，并对其实现路径进行了研讨，从宏观——政府与社会、中观——校企合作协调机制以及微观——职业学校内部管理方式三个角度去研讨如何构建以供需共赢为基础的校企合作机制问题。在市场经济条件下，职业院校与企业能否实现深层合作，取决于双方在供需交易环境下能否达成利益平衡点，因此，必须营造一个有利于校企合作开展的利益协调管理机制，其中包括建立校企合作协调机构和建立校企合作管理机制，要充分发挥行业协会组织的推动作用，最终推动产教融合与高校一体化教学的建设。

四、建立校企合作协调机构

要保证校企合作顺畅运行，必须建立起包含政府参与的由学校和企业组成的校企合作协调机构。

在国家层面，建立由学校、企业、政府等人员组成的"校企合作规划发展委员会"等类似机构，协调教育、劳动、人事、经济等相关政府部门，并负责校企合作相关学校发展战略、专业课程建设、校企合作监管和激励机制建设等工作，同时，还可对校企合作成果进行评价，协调各方的关系。

在社会层面，考虑构建校企合作社会中介机构，由中介机构负责搜集学校和企业对于校企合作的需求信息，为校企合作牵线搭桥，为校企合作提供法律咨询服务，并且派出专业人员参与校企合作，协调各方利益，调节矛盾。校企合作的社会中介机构以市场需求为导向，校企需要适当参与工作。

在学校层面，组建校企合作委员会，由与校企合作相关的专业教师、学校管理人员、企业技术人员和企业管理人员组成。校企合作委员会管理校企合作项目，共同制定校企合作中的人事安置制度和校企合作章程，且共同参与编制人才培养方案、进行课程设置和教材开发、开展理论和实践教学、组织科研攻关等。校企合作委员会使校企间达到了充分了解和协商，避免了企业追求利润和学校发展之间的冲突，从而调节和解决双方在合作过程中出现的有关问题，企业生产秩序的维护、学生实习薪酬的支付、实习的连续性和安全保障以及产业结构调整带来的学校设置专业的适时调整等问题和矛盾得到了有效解决。构建校企合作管理体制和建立校企合作管理机制必须改变原有职业院校在校企合作和人才培养中的一元主导地位，以提升企业作用力，形成校企共同驱动管理的良性机制，促使校企合作委员会在学校事务管理中的作用发挥到实处。

五、产教融合与高校一体化建设措施

现在教学发展的水平很高，发展速度也很快，学生、教师、学校三方都要跟上时代的步伐，创建符合时代水平的产学结合的一体化项目，突破自身局限性。在发展过程中，我们会遇到很多的问题与障碍，要不畏艰辛、勇往直前，对于当前产业发展与高校发展之间"产学结合"的困境和学校专业与行业职业分裂、学校课程与专业能力培养不匹配、学校知识体系与行业人才诉求不协调等问题，我们可以通过构筑合作创新平台，发展行业新技术、行业新科学与行业新集群，开发新课程、设置新专业、建立新质量体系等措施进行解决。以基地为平台、以产业为先导、以企业为主体，充分发挥市场机制，紧扣专业特点与发展规划，构建"服务"与"培养"之间的平衡，创新内在"产学结合"机制，破解职业教育"冷热难题"（校企合作一头热一头冷，工学结合两张皮），促进转型升级，提高人才质量。

在产教融合模式下，企业与院校通过联合办学实现生产与教育一体化，有利于促进企业生产管理能力、院校人才培养能力和学生实践能力的提升。产教融合从根本上解决了人才培养与企业需求、学习与工作、教学与实习之间的问题，使高校与企业可以进行良性互动、互惠互利。高校与企业要想顺利实现产教融合需满足以下三点要求：第一，高校应优化专业布局，当区域经济结构进行调整、产业进行升级时，高校的专业建设也要进行相应的调整；第二，高校的教学内容应与职业标准对接，高校应基于行业企业对岗位技能的需求调整课程体系与教学内容；第三，高校应打破传统教育观念，将提高学生实践能力作为教育教学的重要目标。

在产教融合与高校一体化教学建设过程中，以"学园城一体化"创业教育平台的建设和"金字塔"式的创业教育体系建设为典型案例。学院与当地政府、行业协会、企业和新闻媒体及时沟通，整合各种社会资源为创业教育服务，通过创业课程建设、师资培养开设大学生创业公共课等，形成专业与科技结合的创业实践教育体系。产教融合与高校一体化教学建设的有效措施是成立创业学院，开展常态化创新创业教育。成立创业学院是学院普及创新创业教育的又一创举，创业学院不仅能对全院学生普及创业知识培训创业技能，还通过自愿报名原则，每学期面向全院学生招收有创业意向的学生进行系统培训。

通过创业园区建设，搭建创业创新服务平台。学院与当地政府、行业协会、企业、新闻媒体及时沟通，整合各种社会资源为创业教育服务，以推动大学生创新创业的社会环境建设。校企一体是教育办学主体、生产经营活动主体和独立法人主体的统一体，三个主体根据职业教育与企业生产的运行规律，通过市场契约确保有机融合，以产权和市场为纽带，构建利益共享机制。"产权＋市场契约"是高校产教融合一体化建设运行保障机制的关键词，其内在要素是利益共赢机制。产权纽带包括两种类型：第一种是企业办学校，如由企业办学校引申而来的学院与主办单位集团所属产业企业的合作，以培养高技能人才为目标，共同进行与之有关联的相关专业建设，并开展订单培养、在职培训、建立顶岗实训基地等；第二种是学校办企业，因国企改制解困和产业转型升级的需要，学院投资拓展一些与专业相关度大的优质资产，形成"教育＋科技＋文化创意"的现代服务业形态。在我国职业教育发展轴线上，工学结合的路径大致经历了以拟景模拟为形式的校内工学结合和以真实性生产为特征的校外工学结合两种形态，这两种形态都从不同的角度诠释了产教融合与高校一体化建设的优势，是适应社会发展的必然趋势，因此，可以大力推广。

高校产教融合一体化建设还体现在"学园城一体化"模式建设上，学园城一体化是现代社会形态的重要特征之一。通过多年实践，按"三维"架构搭建"学园城一体化"协同创新模式。

学院与当地政府、行业协会、企业、新闻媒体及时沟通，整合各种社会资源为创业教育服务，通过创业课程建设、师资培养、开设大学生创业公共课等，形成专业与科技结合的创业实践教育体系，并形成"金字塔"式学生创业型人才培养模式，即从全面普及创业基础知识教育到创业团队和创业精英的培养，并依托校办产业，打造一批有市场前景和带动效应的学生创业团队。

立足于市场，举行中小企业创业项目加盟会，依靠学院科技服务中心，加大对学生科技创业成果转化的支持力度。学院发挥校企联合改制的独特优势，通过有效措施使企业实现"校企一体"办学，形成了独具特色的"金字塔"式学生创业型人才培养模式。"金字塔"式学生创业型人才培养模式注重对创业指导师和创业专职研究人才的培育，"金字塔"式学生创业型人才培养模式的最基层是进行创业基础知识普及教育，只有先做好基础知识的普及教育，为实现专业与创业教育实践的最终结果奠定好基础，才可以进行创业团队的培养，这样形成的团队效力更强大，团队中每一个个体的基础都很扎实，最后就是创业之星的培养。在"金字塔"培养的过程中需要建立大学生科技创业园，并且需要校企一体（院办企业）的积极参与和强大支持，在"金字塔"式学生的创业培养过程中，不断提高学生的创业意识、创业素质和创业技能，这就形成了将产教融合与高校一体化建设有效结合的创业大环境。

在创业教育实践过程中，教师发挥着领路人和带头人的作用，建立并开通了大学生创业网，利用网络平台开展创业宣传和创业培训，在网站开通后，每年都会有大量人次的点击量。其中，多位教师通过学术性进修、技能型培训及实践性挂职锻炼等，提高了对大学生创业创新的指导能力和研究水平，学院园区中不仅有来自海外的归国创业者和国内的行业领军人物，还有学生创业团队，在教师的带领下，学生开设的创业网使更多的学生、社会团体、学校和企业都参与进来，更积极地带动了产教融合与高校的一体化建设，实现了学生创业、企业用人、学校育人等的有机结合，是产教融合与高校一体化建设非常重要的措施，其意义重大。

第四节　产教融合与高校一体化在各专业的应用

一、服装设计与工艺专业"双元七共"一体化应用

（一）"元七共"制人才培养模式概述

学校创新办学思路，探索现代学徒制人才培养模式，并实行进厂办学，在企业建立"厂中校"，把课堂建在车间，依托企业技术、设施、场地等资源优势培养人才，实现优势互补、资源共享和合作共赢。服装设计与工艺专业形成了比较完善的"双元七共"现代学徒制人才培养模式，其实现了教育与产业的深度融合，为促进产业转型升级提供了有力的人才保障。

"双元七共"人才培养模式中的"双元"就是学校和企业共同参与人才培养的全过程，他们都是人才培养的主体，实行双主体育人。"七共"就是校企共同开展招生招工，共同制定人才培养方案，共同建设教学团队，共同建设实训基地，共同实施教育教学，共同建立人才质量评价体系，共同安置就业，对人才培养进行"量身定制"，以提高人才培养质量，提升职业教育服务产业发展的能力。

（二）"双元七共"人才培养模式在产教融合中的应用

共同招生招工是以企业人才需求为基准，应建立服装设计与工艺专业现代学徒制班，共同研制招生招工方案。企业提供招生招工的标准、数量，学校负责招生宣传、组织报名，然后共同开展面试录取，组建学徒制班级，举行开班仪式，签订三方协议，保障各方权益。

共同制定人才培养方案是指根据服装产业人才需求和岗位能力要求，校企共同制定人才培养方案。人才培养方案主要包括招生对象与学制、培养目标、就业岗位群、人才规格和能力要求、岗位能力及对应课程、教学计划、毕业标准及职业资格证书等。

招生对象与学制：招生对象为当年初中应届毕业生，学制三年；培养目标：培养具备服装设计、服装制版、服装跟涉及服装经营管理理论知识和实践能力，能从事服装产品开发及制作、市场营销、经营管理等方面工作的专门化人才；人才培养规格和能力要求：能够熟练操作服装机械，熟练掌握

服装的制版和缩放技术，能运用服装 CAD 技术，能进行生产过程中简单的工艺流水线编排，熟练掌握计算机辅助软件的使用方法，对服装面料具有基本鉴别能力，并对服装的流行趋势有一定的了解，具有较强的创新意识、人际沟通和协调能力；毕业标准及职业资格证书：通过公共基础课、专业理论课和相关工种理论及技能课的考试（考核），考取裁剪工、缝纫工、设计订制工、服装手工艺制作工、服装设计员、服装营销员等工种的职业资格等级证书和上岗操作证书，实行双证毕业。

共同建设教学团队：公共基础课由学校教师授课，在学校进行，专业理论课程和专业技能课程在"厂中校"进行，由企业骨干技术人员授课，学生实践和实习课程以企业安排师傅授课为主，一对三（四），实行双导师制。学校还安排专业教师进驻企业，协助企业做好学生管理工作，并参加企业实践。

共同建设实训基地：根据合作协议，学校在舒朗服装服饰股份有限公司挂牌建立"烟台船舶工业学校服装设计与工艺专业教学基地"，建成了"厂中校"。

共同实施教育教学，"服装设计与工艺专业现代学徒制班"教学实行学校教学和"厂中校"教学交替进行。入学前两年，学生每学期先在学校学习公共基础课程，再到"厂中校"开展专业理论和专业技能教学。学生在"厂中校"的身份为学徒，专业理论教学在教学区理论教室进行，由学校专业教师和企业技术骨干共同组织，将课堂授课与专家讲座交替进行。专业技能教学在技能教学车间进行，学生学习公司的服装工艺技术，人手一机，进行实训操作，由公司技术骨干担任师傅，对学生面对面地讲和手把手地教，学徒与公司员工同工、同吃、同住，作息时间、请销假、工作纪律、操作流程等生活和管理规范与公司员工一致。学徒在完成专业理论和岗位所需的专业技能学习任务后，每人独立完成公司一件裙子产品的缝制任务，公司产品质量检测部以成品标准对实训产品进行检测评价，并给出分值，作为学徒考核的主要依据。学校在学生学徒期间的考核以企业考核为主，每年末，公司为学徒举办教学成果展，并邀请学校领导、教师和服装设计与工艺专业学生共同参与，激发他们勤学苦练，早日成才。在第三学年，学生在公司生产一线进行实习，熟悉和了解公司生产情况，其中，第五学期是跟岗实习，以公司带教师傅为主导，学生考取岗位技能证书；第六学期是顶岗实习，以公司带教师傅为主导，学生考取从业资格证书。学生实习期间的身份是企业准员工，要按照企业管理制度进行日常管理考核。

共同制定质量评价体系与共同安置就业：校企共同构建"三维五评两线""准员工"质量评价体系。"三维"是指课程学习、技能实训、企业实习三个维度；"五评"是指学生自我评价、教师评价、带教师傅评价、企业评价、社会评价五个环节；"两线"是指品行观念和专业技术两条主线。通过"三维五评两线"质量评价体系，对学生在第三学年的实习做出全面综合评价。在学生毕业前，由学校和公司从学生作为学生、学徒和准员工三个方面进行综合考核评价，共同对毕业生做出毕业鉴定，根据学生的性格特征、综合考核等因素，推荐学生到不同的岗位就业，并签订就业协议书。通过现代学徒制培养，企业获得了稳定的人力资源，降低了新员工招聘和培训的时间、人力、物力等资源成本，实现了社会效益和经济效益的双丰收。

二、时装零售管理专业产教融合一体化教学应用

（一）高校时装零售管理专业存在的问题与解决途径

近年来，我国职业教育已经进入模式探索和转换的关键时期，"校企合作、工学结合"模式成为发展趋势。基于高校与行业、企业合作共建的平台已取得了初步的成效，但尚存在一些问题。以时装零售管理专业的产教融合实践为例，时装零售管理专业容易与一般市场营销专业的设置同质化，从而导致其专业技能的不明确性和营销实践不强，这其中既有客观因素也有主观因素。

1. 偏重概念及理论体系

市场营销专业往往强调概念、注重理论，而对实践性较强的方法、技巧与策略不够重视，即使有相关课程，也是由教师分析案例，间接传授经验，导致学生在遇到实际问题时，分析问题和解决问题的能力较差，再加上很多学生学习靠死记硬背，缺乏创新和思考，导致理论与实践脱节，出现高分低能现象。时装零售管理专业应该重视学生的亲身体验，理论联系实践，让学生有足够的时间进行高质量的动手训练，于"真教"中带动学生"实学"才是关键。

2.教学方法落后，教学手段单一，教学内容与实践脱节

现行的市场营销教学方法仍以课堂讲授为主，教学过程大多是知识灌输，内容讲解过细会造成学生过分依赖教师，且教学内容已经不能适应营销实践的新要求。因此，时装零售管理专业应该为学生创造在实际的职业环境里学习、磨炼的机会，让学生真正地了解企业的工作流程、实际的工作状态和氛围，并由学校教师与企业的业务能手共同指导实践教学，培养学生在"实战"中发现问题、分析问题和解决问题的能力。

3.重技能训练，轻职业素养

现行的市场营销教学存在重结果、轻过程以及重技能训练、轻职业素养的问题，致使学生在遇到实际困难时，解决问题能力较差、怕苦怕累、没有团队意识等。因此，时装零售管理专业应该让学生在接受业务素质训练的同时，也要培养其服务客户、奉献社会的服务意识，使其养成遵守规章和作业标准的工作习惯和诚实、守信、吃苦耐劳的品德，具备善于和服装终端卖场工作人员共事的团队意识和认真负责的工作态度，并且能与他人进行良好的团队合作，养成善于动脑、勤于思考、及时发现问题的学习习惯，这些职业素养将会为学生职业能力的发展奠定良好的基础。在实际岗位学习锻炼的时候，企业要以企业员工的标准去要求与考核学生，以工作过程为导向，实现学生与岗位之间的"零对接"，缩短学生初入社会的适应期，使其成为真正"来之能干"的技能型人才。

（二）应用校企合作，促进产教融合一体化

时装零售管理专业是为了适应我国当前对时装零售管理专门人才的需要而设置的，学校要培养适应社会主义市场经济需要的、能从事时装零售管理工作的应用型人才。专业人才的培养目标是掌握时装营销必需的基本知识和基本技能，他们要熟悉相关经济法规和政策，具有一定的时装终端卖场销售与管理能力，专业人才的培养目标与职业岗位需求必须依托行业企业的力量，以校企合作平台促进产教融合的实践才能实现。同时，以校企合作平台促进产教融合的模式也为行业培养出适应企业发展的高技能、高素质的时装零售管理专业应用型人才，使其可以更好地服务于地方经济。

1.构建"四位一体"良性发展的教学环境

所谓"四位一体"，是指"社会""行业""企业""学校"为一体，

以社会为背景、以行业为龙头、以企业为导向、以学校为主导的理念。要完成时装零售管理专业人才培养目标，必须突破课堂空间，从课堂内走向课堂外，单凭学校一方的力量是不够的，高校只有融入社会，依托行业企业的力量，营造"四位一体"良性发展的教学环境，才能使学生走出校园，在真正的职业环境中学习和锻炼，只有通过校企合作平台促进工学结合，才能有效提高学生的技能与职业素质。

2. 设计"二元联接教育"机制

所谓"二元联接教育"机制，是指学习与工作两套系统的"无缝联接"机制，实践性教学是对学生消化理论知识、运用理论知识分析社会问题的一种补充形式。由于传统的理论教学侧重于介绍相对稳定的理论知识体系及基本构架，学生往往感到课堂上所学的知识比较抽象。实践教学则不同，学生能通过社会调查、现场教学、案例分析及参与企业营销活动等形式，及时地转化书本知识，利用书本知识解决社会实际问题，从而避免学习与工作两套系统呈二元割裂状态，以达到理论联系实际的目的。

第四章 产教融合视域下高校教学管理工作

第一节 高校产教融合育人的内容与模式

一、高校产教融合育人的内容

高校人才培养涉及专业设置、课程建设、条件建设、师资建设、文化建设等层面的内容。从人才培养的角度而言，产教融合育人应当深入展开。当前高校产教融合育人的层次还并不高，导致严重影响了人才培养的质量。在国家政策的引导下，高校要以产教融合为平台、以人才培养为核心，进一步拓展合作育人的内容，实现从传统的合作向创新的合作转变、从局部合作向整体合作转变、从松散合作向紧密合作转变。

（一）专业设置

高校专业是根据社会职业或岗位，并以职业能力培养为目标，分门别类进行人才培养的基本单位。高校只有抓住了专业建设这个龙头，才能找准学校改革和发展的突破口。而产业又是一个国家和社会发展的经济基础，其发展的水平对于整个国民经济来说具有举足轻重的作用。从专业与产业的关系来看，区域产业发展是高校可持续发展的动力源，其产业结构、劳动力需求结构和技术结构的变化制约着高校人才培养结构和规格的调整；高校专业发展是区域产业加速发展的助推器，同时其人才培养的职业定向性、市场针对性和价值功能的高效性能够有效解决区域技术技能人才的结构性短缺矛盾。因此，在市场经济条件下，高校要根据区域经济产业特点，科学设计专业体系，并且也要根据区域经济产业结构变化，合理调整专业结构，进一步增强自身服务区域经济发展的能力。根据区域产业实际调整优化专业结构，加强专业内涵建设，有利于高校以区域经济社会发展需求为中心、以就业为导向，从而构建蕴含发展潜力的专业结构和人才培养模式、实现教学资源的合理优化配置、增强人才培养的适应性，从而办出特色，办出层次和水平；有利于高校与企业深度融合，大力推进工学结合，培养具有牢固职业道德、职业素养、实践能力强、创新和创业意识强的技能型人才，并有利于增强为区域经济建设和社会事业发展服务的能力。

1. 专业设置的依据

高校专业对接产业是优化专业结构、提升专业内涵、培育专业特色的一条重要途径。从宏观层面来看，高校专业对接产业体现了一种以社会为本位的价值观。鼓励各地、各行业从自身实际出发，实行多种形式的产教结合，促进高校的专业设置与产业布局对接、课程内容与职业标准对接、教学过程与生产过程对接、学历证书与资格证书对接、职业教育与终身教育对接。要拓展高等学校的发展空间，增强高等学校为行业服务的能力，并建立教育和产业的互动机制。这些政策要求从社会效用上来说就是要促进高校教育与经济社会发展的有机结合，引导高校服务国家产业发展、适应产业调整升级。从中观层面来看，高校专业对接产业体现了一种以服务为宗旨的发展观。高校的专业设置和结构调整是由社会和经济发展的客观需求所决定的。应主动适应并积极为社会经济建设服务，培养符合社会发展需要的高级技术技能人才，这便是高校办学的宗旨和任务。在市场经济条件下，高校只有根据区域经济产业特点，科学设计专业体系，并根据区域经济产业结构变化，合理调整专业结构，才能进一步增强服务地方经济发展的能力。从微观层面来看，高校专业对接产业体现了一种以职业为导向的教育观。在当前我国产业结构转型升级的背景下，高校如何更好更主动地适应产业发展需要并为之服务，其主要体现在人才培养的规格和质量上。高校培养什么样的人才，培养的人才应该具备怎样的知识、能力和素质结构都是必须要考虑的问题。从高校人才培养的规律来说，专业对接产业就是要紧跟产业结构通过优化升级所带来人才需求的变化，以职业岗位为逻辑起点，以职业能力和职业素质培养为核心，从而调整人才培养目标、专业课程体系、教学内容和方法，切实提高人才培养与产业发展的适应性、针对性和协调性。

2.专业设置的思路

（1）立足区域经济，集聚专业优势

高校要依托所在区域，优化产业优势为专业优势，主动融入区域经济社会建设，调整办学思路，从而办出具有地方特色的高校，增强核心竞争力。专业结构的调整要拓宽思路，联系实际，认真研究新一轮产业集群转型的发展动向，根据区域产业布局需要，使学校的专业覆盖于支柱产业，拓宽学校专业结构与经济社会发展结合的深度与广度，使其真正成为企业人力资源需求的有力支撑。

（2）立足产教融合，改造专业结构

利用区域的产业优势，加强产教融合，将产教融合层面从目前的企业支持学校办学为主，扩展到学校同时支持企业发展的高度，实现校企双赢。行业、企业参与对学院传统专业进行梳理，制定专业结构优化规划，通过淘汰、改造、优化、新设等方法进行结构调整，进而形成专业新优势。

（3）立足特色专业，发挥示范作用

对学院重点专业，要发挥其技术和资源优势，从人才培养目标、人才培养模式、专业课程体系、师资队伍建设等多方面打造专业特色，形成具有地方特色的专业品牌。同时，通过品牌和特色专业的示范带头作用，加快形成学校专业结构上的优势和"亮点"，带动专业结构的整体优化。

3.专业设置的过程

（1）更新专业设置理念

思为行之始，行为思之成。开展基于产教融合的专业建设，就要更新其理念，打破封闭、落后、僵化的传统专业建设理念，同时确立开放、多元、包容的新专业建设理念。具体来说，立足社会经济发展需要，准确把握市场的脉搏，并按照"随着经济增长方式转变而动，跟着产业结构调整升级走，围绕企业人才需要的转变，适应社会和市场需求变化"的总体思路，遵循企业生产经营的发展规律、学生职业能力培养规律，以产教融合为平台，与企业共同研究社会需求，紧跟社会经济发展，不断调整专业结构和专业方向，创办符合现代企业需求的新型专业。

（2）做实专业设置调研

要避免专业设置及建设的随意性和盲目性，就要做实调研工作，并全面了解其他学校相同或相近专业的建设情况，且认真进行比较性分析，认识学校和专业在行业产业背景、人才需求状况、人才培养模式、培养方案、课程建设、师资队伍、产学结合、生源质量、就业方向以及校内外实训基地建设等各个方面的情况，从而掌握本专业在同类学校中的特点和水平。要充分了解专业的发展进程和社会声誉，并提炼和挖掘在专业建设过程中逐步形成的办学模式、人才培养模式和教学模式，了解社会以及与专业相关的行业产业对专业的认可度，明确所办专业为地方经济建设服务、为学生就业服务的建设方向。

（3）把握专业设置定位

定位准是目标明、路线正、质量好、效率高的前提。开展基于产教融合的专业建设，实质就在于调整专业定位——从原有的"学校式定位"走向"服务式定位"。想要准确定位，就要做到以下五个方面，一是要符合高校教育的大定位，即高校的专业建设必须服务于高校教育的培养目标，即为社会培养大量的高素质技术技能型人才。具体而言，就要转变关门办学的传统思维，以企业为依托，主动将专业体系的改造融入产业链中，加强产业跟踪、开展产业结构和技术结构分析，主动跟踪区域产业规划、跟踪产业布局、跟踪产业集群、跟踪工业园区、跟踪行业走势、跟踪特色定位，紧紧围绕业态走势确定服务方向，从而开设区域内产业急需的各类应用型专业，优化专业结构，积极为区域经济的支柱产业、高新技术产业及新型服务业培养专业的技术人员。二是要瞄准行业人才需求。职业属性是职业教育区别于其他教育的本质属性。具体体现在直接为当地经济和社会发展服务，与市场特别是劳动力市场联系最直接和最密切等方面。因此，基于产教融合的专业建设必须以经济发展和市场需求为导向和出发点，瞄准行业人才需求，为社会提供高质量的人才培养服务。三是要发挥自身资源优势，专业建设定位必须以自身优势资源为基础，包括区位、资源、社会经济资源、人才资源、环境资源、文化资源等方面。四是要规划好拓展空间，立足自身综合实力，结合区域内外相关专业生态实际，找准突破点和生长点，并据此规划好专业拓展的空间。五是要突出专业特色。专业特色既是专业建设质量的最高体现，又是赢得发展竞争力，实现专业持续发展的基石。因此，学校在进行产教融合的专业化建设之初就要高瞻远瞩、运筹帷幄、做好规划，为专业持续发展夯实根基。

（4）落实专业设置要求

根据专业设置的定位，并按照专业设置要求，精益求精，全面加强专业建设工作。一是将行业企业特点与专业自身匹配与对接，建设一批与区域支柱产业、特色产业、新兴产业紧密对接、与地方同类型院校错位发展的特色专业；二是准确预测市场对高技能人才的需求，用创新的思维和开拓的精神开展专业实践活动，以特色培育为核心，分层分类地进行特色专业建设；三是以提高质量为核心，深化教育教学改革，加强师资队伍建设，强化职业技能训练，且完善质量保障体系，促进学生全面发展，提高人才培养质量和办学水平，提高服务区域经济发展的能力。

（二）课程建设

课程建设与改革是提高教学质量的核心，也是教学改革的重点和难点。高校教育的职业性决定了高校课程的建设与改革必须在市场化的运行机制保障下，走产教融合之路。

1.产教融合课程建设的必要性

高校教育要遵循普通高等教育的一般规律，在专业设置、培养模式、课程设置、师资队伍建设、教学内容、实践环节等方面都要办出高校的特色，推进产教融合的课程改革，已经成为当前高校教育改革与发展的重要课题。各高校在建设的过程中，结合各自的特点，探索了不同形式的产教融合的课程改革模式，搭建了具有区域经济特色的工学结合平台，通过产教融合的课程改革，强化了高校的内涵建设，充分凸显了高校教育教学新亮点。因此，基于产教融合的课程改革是高校教育发展和改革的需要。

2.产教融合课程建设的策略

（1）科学定位高校人才培养目标

高校教育为社会和经济发展直接提供了数量庞大的技术技能人才，提高高校教育对经济发展实际需要的适应性，必须准确定位人才培养规格，适时调整培养目标。培养目标对课程设置起着重要的导向作用，它直接影响着高校教育的课程开发，规定着各种职业人才的素质和能力的规格与标准，只有紧扣当地经济发展的基本状况及其发展趋势，深入了解人才市场和职业市场的变化，了解社会和经济发展对技术应用型人才数量、规格等客观要求，才能明确高校人才培养目标，设计出符合人才培养要求的课程体系。

（2）明确产教融合课程开发内容

课程改革与建设是职业学校教学改革的重点、难点和突破口，也是提高校业教育质量的关键。根据课程理论，课程建设可以分为三个阶段：课程设计、课程组织和课程实施。课程设计阶段的内容包括课程目标、课程内容、课程评价、课程资源、课程师资等方面的设计，课程目标设计必须考虑两个方面：一是学生的全面发展，二是满足企业需求。课程内容的原型必须来自企业生产实践，课程评价要实施双重标准：一是能否满足企业需求，二是能否满足学生全面发展的要求。课程资源的建设包括课程实施需要的各类教学条件、实验实训条件，课程师资队伍的建设包括兼职教师队伍建设和双师素质教师队伍建设，在课程组织中，课程内容由学院教师根据认知理论进行知识和能力的序化和整合，并在此过程中加入学生全面发展所需要的各种元素，最终形成课程内容。在课程的实施中，要具体考虑教材、教学的组织方式、教师的教学理念、学校的教学政策、企业要求的变化等教学环境因素，根据这些变化对课程的实施提出具体的要求，对一门具体的课程而言，不但要有教学大纲、教材、教学资源与教师等，还要有当时当地的课程实施方案。

（3）完善产教融合课程开发机制

产教融合课程开发机制由学校、企业、课程专家和政府四个层面的要素构成。在学校层面：教师是课程开发的主体，他们参与项目课程开发整个的过程；校长是课程开发的决策者，他的办学理念决定着课程开发的方向和特色；课程管理人员的组织协调能力制约着课程开发的进度和效果。在企业层面：主要是企业专家的作用，他们能为课程开发工作提供真实的岗位内容和必备的职业能力要求，并为课程开发工作中的细节问题提供咨询。在课程专家层面：课程专家是课程开发的组织者和指导者，他们的课程开发能力决定着课程开发的每一个环节能否达到项目课程的具体要求。在政府层面：政府在职业教育方面的政策和制度是推动职业教育发展的强大动力，能有效利用政府的主导作用，能够确保产教融合课程开发的长期性和稳定性。

（三）教学改革

专业教学改革是一项系统工程，它涉及人才培养的各个方面。对于高校来说，要提高专业教学改革的实效性，就必须变原来学校单一主体为校企"双主体"的专业教学改革模式，以深化专业内涵建设。

1. 人才培养模式改革

在传统模式下，学校和企业是社会中相对独立的组织，尽管双方人才培养的资源和优势在很大程度能够互补，但双方的相关资源是完全分离的。在产教融合人才培养的新模式下，通过政府引导，双方努力根据相关专业人才岗位特点选择适合自己的合作模式，例如"订单式"培养、共建生产性实训基地、项目合作模式、培养置换等，从而达到企业和学校人才战略协同、资源共享、项目共建、知识共享、信息互通以及相互学习等目标，最终实现政府、企业、学校、学生的多赢。实践证明，经过产教融合培养的学生在专业技能、适应能力、沟通能力等方面都有较好的表现，学生竞争力的提高将直接带动企业和学校竞争力的提高，同时，由于资源、信息共享，人才培养的整体成本降低，各方学习和创新的机会增加，也能赢得政府更多的支持。

高校要按照产教融合和工学结合的思路，积极探索高素质技术技能人才培养模式，有针对性地培养符合企业需求的高技能人才，为推进区域产业转型升级提供人才支撑，重点要打破原来的以学校为主体进行专业设置、教学内容制定、培养途径确定等来形成人才培养模式。在地方政府宏观协调的指导下学校和企业合作、合作教育、合作科研、合作生产，从人才的培养目标、培养内容到培养具体方式都由学校和企业共同探讨制定，共同培养应用型技能人才，其主要特征为教师参与企业实践及技术研发、企业参与学校教育、学生参加一定量的生产实践，同时，地方政府参与政策配套支持和宏观协调。这样既能保证学校教育质量的提高，又能促进企业的发展，更能发挥高校和企业更好地服务地方经济的作用。

2. 数字化教学资源建设

教学资源具有直接改善教学手段与方式，全面营造教育教学环境的功效。随着区域经济社会的快速发展，高素质技术技能人才培养对以生产技术为内涵的教学资源的依赖性越来越强。产教融合育人有利于整合企业资源和学校资源，构建灵活开放的人才培养平台，最大限度地发挥资源的基础性作用。

数字化教学资源是指经过数字化处理，将传统的教学资源数字化，使其可以在多媒体计算机及网络环境下运行的教学资源，它的基本特征是处理数字化、传输网络化、检索快速化、呈现多媒体化、组织超链接化。数字化教学资源可以从多个维度来分类，按数字化出版的产品类型，可以分为电子图书、教学软件、音像制品、资源库系统、试题库系统、网络课程服务系统六类；按数字化教学资源属性可以分为媒体素材、试题库、试卷、课件与网络课件、案例、文献资料、常见问题解答、资源目录索引、网络课题九大类。

数字化教学资源的建设是实现教育信息化的基础，数字化教学资源的使用改变了传统的教育方式，给传统教学带来一场新的革命。数字化教学资源建设的内容包括：资源平台建设、资源库的建设、资源标准建设，其目标首先可作为优质教学成果展示和推广的示范性平台，以实现促进主动式、协作式、研究型和自主型学习，形成开放、高效的新型教学模式；其次，可作为共享型专业教学资源库平台，其主要内容包括网络教学互动平台、专业教学资源库、网上虚拟实验教学、认证考核平台和数字化资源制作平台等。

3. 教学管理改革

加强教学管理是教学质量建设的主要手段。高校培养人才的特殊性决定了企业必须参与教学的管理，没有企业参与的教学管理就是孤立的、封闭的管理，这样的管理不但不能促进教学质量的提高，有时甚至会产生很强的负面效果。

二、高校产教融合育人的模式

为了迎接就业市场的挑战，我国高校纷纷以市场需求为导向，以提高人才培养质量为宗旨，不断探索建立产教融合新的人才培养模式，且取得了一定的成效。

（一）我国高校产教融合育人模式的探索

我国职业教育发展较晚，但经过多年探索与实践，取得了很大的成绩，在产教融合育人方面，基本形成了多元化的产教融合育人模式。有人把我国高校教育产教融合育人的主要模式概括为以下几种：

从产权关系看，形成了校中厂、厂中校、专业实体化、校企一体化育人以及集团化育人等产教融合育人学模式。许多高校面向市场需求，通过出租厂房，提供土地等形式盘活学校现有资源，采取校中厂和厂中校的模式，将生产性的实践活动与教学活动有机整合，在满足企业需求的同时，有效解决了学校办学资源不足的困境，实现了企业利益和学校利益的双赢；还有的院校与企业合作成立实体性的办学机构，将技术创新、人才培养和社会服务有机整合在一起，积极探索产教共融机制与模式。而集团化育人模式则将政府、行业、企业、学校、科研机构、社会组织等主体有机地整合在一起，成为当前产教融合办学体系的重要实现形式，并在全国范围内得到了广泛发展。

从人才培养方式来看，形成了顶岗实习、订单培养、现代学徒制等产教融合人才培养模式。当前产教融合已经逐渐从满足企业简单的人力资本短缺的需要向以高素质技术技能人才支撑企业技术升级，获得市场竞争力的需要转变。在产教融合过程中，企业也不再简单地以获取劳动力为目的，而是越来越多地主动参与到技术技能人才培养过程中，以企业标准引导高校办学，实现企业用人标准与高校人才培养标准相对接以及企业生产车间与课堂相对接，不断提升技术技能人才质量。一是"人才订单"模式。订单培养是职业教育产教融合人才培养的普遍模式，用人单位根据自身发展对人才的需求，与学校签订人才培养协议，然后学校按照用人单位的要求进行培养，学生毕业后可直接到企业就业；二是"校企联合"模式，企业与学校联合参与研究和制订专业培养目标、教学计划、教学内容和培养方式，并将企业产品设计、生产、经营、管理和服务与学生的教学过程有机结合起来；三是"工学交替"模式，即学校的理论教学与学生到企业实习交替进行，是学用结合的人才培养模式；四是"股份合作"模式，学校通过股份合作的方式，充分利用企业的设备、场地、技术、师资和资金，让企业以主人的身份直接参与人才的培养和管理过程，分享办学效益；五是"顶岗实习"模式，学生在主要课程已经修完、还没有毕业的情况下，学校允许学生提前走上工作岗位，作为企业的一名正式员工开始工作；六是"创业实践"模式，学生在走向社会之前参与学院组织的就业前模拟创业实践活动，自主创办小的经济实体和开发项目，是培养学生创业能力的一种人才培养模式；七是"现代学徒制"模式。现代学徒制是落实职业教育面向人人、面向社会的一种探索，是传统学徒制增加了学校教育因素的一种职业教育。和传统的学徒制相比，现代学徒制增加了学校教育的成分，是职业教育产教融合不断深化的一种新形式，传统职业教育的育人责任和就业风险均由学校承担，而现代学徒制则是校企共同负责培养、共同承担风险。现代学徒制具有如下特征：招工即招生，首先解决了学生的员工身份问题，不再简单地把顶岗实习的学生叫作"学徒工"，而要视作企业培养自己的"员工"，只有这样其责任感才能真正被激发；校企共同负责培养，共同制订培养方案，各司其职、各负其责、各取所长、分工合作，共同完成对学生（员工）的培养。

（二）我国高校产教融合育人模式的创新

创新高校合作育人模式是实现高校人才培养目标的体制基础。高校要提高办学能力和水平就必须以服务区域经济社会发展为宗旨，以合作办学、合作育人、合作就业、合作发展为主线，并以提高质量为核心，深化教育教学改革，创新多元联动的产教融合育人模式。所谓的"多元联动"，就是"政、校、企、行"四方力量在高素质技术技能人才的培养上达成了一致性，高校培养符合区域经济社会发展要求的高素质技术技能人才必须具备一定的土壤和环境，这种土壤和环境正是这四方力量在机制上的联动作用。

1. 构建政府导向的合作育人模式

政府是高校的举办者，占有大量的政策、资源和经费。高校作为政府的管理对象，只有在政府的大力支持下才能获得更大的发展空间。因此，高校要以导向性发展支持为主，且以紧密对接产业的专业为基础，按照"政府主导、学院承办、企业参与、董事会运作"的方式，组建产业学院，产业学院学生实行订单培养，免费入学。政府负责政策扶持、资金筹措、编制产业发展规划；学校和企业之间打通资金投入、人才培养方案制订、课程设置、教师和专业技术人员互聘、学生实习和就业、职工培训以及应用技术研究等方面的通道，真正形成政府、学校、企业三位一体的合作模式，实现专业人才培养的良性循环。

2. 构建行业导向的合作育人模式

行业是发展职业教育的重要力量。长期以来，行业协会在制定、指导和实施行业标准、规范等方面，其作用是不可或缺的，行业协会也可以避免本地企业的短视行为，充分发挥连接教育与产业的桥梁与纽带作用，使高校的人才培养具有可持续发展性。因此，高校要以满足行业产业需求为宗旨，充分发挥自身在专业研发领域的技术和人才优势，按照"行业引领、学校主动、政府推动、企业拉动"的原则，以相关专业为龙头，由行业、学校、企业组成产学研联盟。联盟内部实行理事会制，以新产品研发为核心，三者之间形成规划、研发、生产的紧密利益链，学校和企业在专业人才培养、课程体系构建、技术服务和员工培训、教师和技术人员互聘、学生实习与就业等方面全面合作。

3. 构建企业导向的合作育人模式

根据专业的特色和产业链的分工，走校企联合办学之路，校企双方按照"人才共育、过程共管、成果共享、责任共担"的原则构成利益共同体。所谓人才共育，就是校企按照区域产业需求共同建设好专业链，培养高素质的技术技能人才；所谓过程共管，就是校企全方位、全过程地参与专业建设、技术研发、人员互聘、产品生产和岗位培训；所谓成果共享，就是要保证本地合作企业对毕业生的优先选择权，优先获得科研成果使用权，优先享受各项优惠政策；所谓责任共担，就是学校和企业共同分担合作育人过程中的风险和责任。要提高产教融合的有效性，发挥产教融合的育人优势，地方高校与合作企业之间就必须建立这样一种基于双方共同发展的互融机制。

第二节 高校产教融合的管理工作

一、高校产教融合的教师培养

（一）当代职业教育教师应具备的素质

随着职业教育的发展和变革，职业教育教师队伍的结构也发生了变化，无论是职业学校专职教师还是企业兼职教师，不仅需要具备良好的教育素质，还需要具备特定行业的职业素质。

1. 教师应具备的教育素质

教师是履行教育、教学职责的专职人员。要履行教育、教学职责，教师就要具备优良的综合素质才能胜任。

首先，教师应具备良好的职业道德和身心素质，热爱教育事业，带着丰富的情感和坚强的意志奉献于教育事业，这是教师从事教学工作应遵循的道德规范，也是教师从业需要具备的职业素养。

其次，教师应具备精深的专业知识和全面的科学文化知识，并精通专业基础知识和专业知识，掌握专业前沿知识，对思想政治知识和基础自然科学知识有基本认知，这是教师完成教育工作的基本条件。

再次，教师应具备深厚的教育理论知识和较强的教学教育能力，能够进行较好的教学设计、对教学过程有娴熟的调控能力、组织协调能力，与学生良好的沟通能力和处理突发事件的应急能力，这是教师保证教育质量的必要条件。

最后，教师应具备创新能力，要善于接受新信息、新知识，分析新情况、新现象，解决新问题，不断更新自身的知识体系和能力结构，以适应外界环境变化和主题发展的需求，这是培养具有创新能力学生的必要条件。

2. 职业教育教师应具备的特殊素质

职业教育的目标是培养社会需要的、具有一定专业技能的应用型人才，这就对职业教师提出了特殊的素质要求。

首先，职业教育教师要有丰富的实践经验，较强的动手能力，熟练的专业技能，想培养出应用型人才，教师就必须是应用型精英。

其次，职业教育教师还要具备专业教学任务转移的适应能力和职业课程开发能力。高校教育与产业发展关系密切，产业结构调整和人才需求变化决定了高校教育的专业教育内容与专业设置要经常处于变化之中，这就要求职业教育教师不断地接受新的教学任务和教学工作，对其适应性提出了较高的要求；另外，社会职业结构的动态调整和重组，对特定职业人才定制培养，需要进行职业课程的定制，而在应用范围较广的教材不能满足高针对性需要时就需要职业教育教师自主的开发职业课程。

最后，职业教育教师要有一定的社会活动能力、技术推广能力、就业指导能力和创业教育能力，要能够做好学生的职业准备，乃至服务于社会的企业内训、职工转岗分流和下岗职工再就业。

（二）积极发展学校专职教师的教学技能

1. 产教融合对职业学校教师发展的作用

（1）有利于教师认识和改变发展环境

教师在追求发展的过程中需要一定的空间环境，同时，教师要不断自觉努力地拓展出更大可能的空间，这样才有利于生存和发展。教师提升发展的自觉性，其目的是使每个教师都意识到自己能成为自身职业生涯的主人，只要努力实现自我更新，就能胜任当代教师的职责，并在成就学生的同时提升自己的生命质量，活出特有的职业尊严和精神愉悦。

产教融合打破了原有的教学模式，教师也认识到自己的教学生存环境发生了改变，这种"生存危机"使教师不得不改变现有状态，新的教学模式就应运而生，教师不再局限于理论上的教学，而是利用更多的实践习得来支撑整个教学活动，以满足学生就业的要求，唯有认识到这些，教师才会产生投入教育变革的自觉，进而意识到这一变革的实现要通过改变教师自我才能实现。未来职业学校的教师必须学习和掌握与他们工作相关的学科理论与行业实践技能，把未来职业学校专业教师定位为具有较高的科学文化水平和具有教育理论知识、技能与态度，作为能否胜任教育教学工作的基本要求或条件。现代专业教师必须既是教育学者又是行业专家，两者缺一不可。

（2）有利于教师教学、研究能力的提升

职业教育要求教师具有将过去熟悉的"系统理论知识"改造成"系统的应用知识"的能力；要有把行业、职业知识及实践能力融入到教育教学过程的能力。学校从校内封闭教学到开放式的工学结合教学已经成为职业教育发展的主流，传统的以讲授为主的教学方法已不再适应学生技能学习的需求。随着大众传媒和信息化发展，以及学生获取知识渠道的拓展，教师应不断拓宽知识面，以满足学生的需求。在产教融合下教师已不仅仅是教给学生课本上的知识，更需要给予学生必备的实践经验，教师在与企业的合作中了解到企业对学校教育教学中的知识、技能、思想品德等方面的要求，从而改进教育教学方法，不断提高教育教学水平。

教师的研究意识和研究能力是教师发展的重要内容和支撑。职业学校的教师，不能仅限于完成教学工作，还应该结合教学实践，开展科技研究与成果开发。与普通教育教师偏重于理论研究不同，职业学校教师偏重于应用方法的研究和高新技术的开发与推广，职业学校教师结合实训教学中发现的问题来确定研发项目，在研发过程中提高教师的实践教学能力和学生的动手能力；同时，在加强与企业的合作中，教师要立足实习基地，加大应用性研究，有针对性地开展面向社会、企业的应用技术研究与新产品、新工艺的开发等，促进科技成果迅速转化为现实生产力，实现校企双赢。开展教育科研，是提高教师创新能力科研过程，是教师重新学习的过程，也是使教师知识不断更新、知识结构不断改善并趋向合理的过程。

（3）有利于教师专业技能、实践能力的提高

随着社会对高技能人才的需求，职业教育得到快速发展，而职业教育

要取得高质量的成果关键就在于教师。职业教育对教师的专业技能、实践能力提出了很高的要求，尤其是在相关行业、专业的从业素质和经验方面，而这方面的素质和经验都不可能通过教师教育在学校内获得，但产教融合可以解决这一难题。

产教融合使得职业学校的教师也能有机会进入生产第一线，接触先进设备，并提高自己的生产技能，巩固自己的理论知识，而不是仅限于书本，脱离生产实践做"填鸭式"的教学，这也为高校教师成为"双师型"教师创造了有利条件，是对高校教师在岗培训缺乏的有效补偿方式。

（4）有利于教师与企业合作能力的培养

合作能力指为了达到某种目的（个人的或共同的），运用自己的长处为他人服务并利用他人的知识和经验弥补自己不足，以形成更大的力量并使得双方都能获得利益的能力。当前，教育十分强调团队精神，这便要求教师自身要具有这一品质，学会与人合作是教师职业能力的重要一环。合作能力最重要的就是处理好合作者之间的关系，合作最需要的是宽容、同心协力和求同存异，缺少这样的和谐，合作就不可能形成合力，合作事项也就不可能取得成功。在产教融合中，行业企业积极参与到教育教学中，与学校共同进行教学质量评价、共建实训基地、共同培养"双师型"教师以及共同开展项目研发等，因此，学校与企业要有"合作教育"观念，互相信任、互相合作，使学校的专业设置与企业有机发展相适应，使学生的素质与企业的需求相适应。如果离开了这种互助合作交流，新的知识就不会得到实践检验，一些综合的、前沿的、新潮的知识就更不会被同化在教师知识体系中，教师也不会习得他人亲历实践所总结的宝贵经验，那么其成长和发展的速率就会减慢，创新更是无从谈起。教师与企业专家之间的交流与合作是提高教师专业能力的重要途径，缺乏交流与合作会导致教师专业的孤立，发展也会停滞。

（5）有利于教师改变教学观念和育人模式

职业教育与市场需求密不可分，课程体系针对性和实用性加强。这种以市场为导向的办学理念对传统的教师教育办学理念、育人模式提出了极大的挑战，要求教育办学理念进一步更新，迫使教师与社会需求联系得更紧，也使育人模式更开放、更灵活。

职业教育强调以学生的动手能力为中心，这要求教师要不断转变教育思想，更新知识结构。教师不仅要拥有精深的学科理论知识，还应该有熟练的操作技能，以加快自己职业化成长的速度。要将新观念、新理论、新知识和新方法运用到自己的工作实践中，并发挥积极的作用，要成为教育教学创新力，就必须让理论联系实际，不断反思自己的教育实践，总结经验，从理论到实践，从实践到理论，再到实践，从而形成自己的教育思想、教育理论。

（6）有利于教师不断深化课程建设和课程改革

由传统教育改革观向现代教育观的转换，意味着教师在课程与教学改革过程中的主体意识和教学研究意识应有所加强。课程开发是教师教学生活中的一项重要工作，产教融合下的课程应该是教师与企业专家联合创造的教育与实践经验，课程实施本质上是在具体教育情境中创建新的教育经验的过程。

教师素质的高低会影响学校教育课程改革的能力和步伐，提高教师的课程意识和参与课程的能力，才能从根本上保证职业学校教育课程改革的顺利进行。产教融合在很大程度上要根据企业要求设定专业和课程，合作企业的变更、发展等外在因素的变化，都将导致学校专业及课程设置的对应调整，这也会导致专业和课程的稳定性相对较弱，不利于专业建设的稳步发展。作为课程开发的教师和行业专家应密切联系所在学校和企业的实际状况，并以学校的办学理念为前提，开发出彰显职业学校特色的课程。在专业设置上要针对行业和区域经济发展的需要，设置针对性强、具有明显职业性和区域性的专业；在人才培养上要针对职业技术和岗位群对人才的需求，开办社会急需的新专业；在学科建设上要紧跟本行业的科技前沿动态，以社会需求量大、发展前景好、教学实力强的专业进行重点建设，且以专业品牌和专业内涵来获得市场效应，提高办学效益和社会效益，增强高校教育适应经济社会发展的能力。因此，产教融合有利于学校的课程改革，有利于"双师型"教师的培养，更能使教师在指导学生生产的过程中，积累丰富的生产经验，这是教师发展的源泉。

2. 产教融合下专职教师培养策略

（1）组建"双师型"师资队伍

目前个别职业学校教师队伍专业化程度不高，专业教师队伍力量不强。专业教师虽有深厚的学科理论知识，但缺乏对行业实际工作的了解，因而缺乏行业实践经验，致使理论脱离实际的现象较为严重，很难成为学科带头人。因此，强化职业学校"双师型"教师队伍的质量建设，已成为提升职业学校核心能力的首要任务，"双师型"师资建设是职业学校发展的关键，它直接影响着职业学校的办学质量和高技能、应用型人才的培养，可以采取以下两种途径来推进"双师型"师资队伍建设：一是引进或聘用既有丰富实践工作经验，又有较高理论知识水平的企业或行业高级技术人员来充实教师队伍或做兼职教师；二是鼓励教师向"双师型"发展。学校定期选派专业教师到企业挂职锻炼学习，使教师接触现实岗位工作环境，了解学生毕业后工作岗位的基本技能和业务要求，使其培养的学生更能适应企业的要求。

（2）制订优质的产教融合课程体系

学校在制订高校人才培养方案的过程中既要遵循教育教学规律，又要依据企业的需要，课程体系开发与建设是推动专业建设和提升专业教学质量的重要举措，且居于核心地位。因此，学校与企业共同制订的课程体系要结合职业教育的特色，开设一些实效性高、应用性强、对学生有实际指导意义的优质课程，筛选出符合学校发展、企业需求的课程内容。在产教融合开发课程的过程中，要明确各自的职责，教师是课程开发的主体和核心力量，在合作中教师和企业专家可以取长补短，如在课程开发和建设中，教师会碰到大量需要规范的内容，而教师对现实工作岗位的具体要求和行业标准知之甚少，因此，这就要求引入企业、行业界的技术力量，由企业专家为教师提供智力和技术支持。企业专家分析出来的职业能力和职业标准对开设的课程具有特别指导性，开发出的课程才具有现实指导意义，培养出来的学生才能够胜任某一岗位或者相近岗位群的能力要求，优质课程建设有利于提升教师的专业水平。

（3）探寻教师发展的多种路径

每一位教师都有发展的需要，也都有面临着观念更新、知识更新从而跟上时代发展步伐的需求，因此，开展不同层次的培训项目，对提升教师的素质具有现实意义。产教融合教师的培养有很多种形式，如参加教育部组织的教师专业技能培训获取资格证书；制订职教教师入职标准，建立在职教师师资学位制度；注重职业教育师资培养培训基地的建设，让更多教师参与培训；专业教师定期到对口企业单位实习、挂职锻炼；校企双向互派学习，让教师直接深入到第一线，也让企业直接参与到学校办学过程中；共同参与企业研发项目，以促进教师相关专业的发展；等等。这些培训方法都能积极推进教师的培训，使教师培训走向社会化。

（4）积极推进校企间学术科研交流

职业教育人才培养目标调整带来的对于科研能力的强调，迫使教师应以本专业本学科知识为主线，紧跟科技前沿动态，积极主动的向相关学科知识领域深入。产教融合的开展可以帮助教师找到理论联系实践的结合点，会更有利于教师科研项目的顺利开展，从而进一步提高教师的科研能力。同时，学校凭借人才集中、技术集中的优势，尽可能地派出教师同企业技术人员组成攻关小组，进行科技开发，共同开展项目研发。加强校企之间的学术交流与合作，能活跃学术氛围，增强科研实力。在交流研讨过程中，既解决了企业的技术难题，又提升了教师业务和科研水平。校企间的学术科研交流，也是强化教师为地方服务的功能，提高为企业服务的能力。社会服务职能是教师的人才培养职能和应用技术研究职能的合理延伸。坚持"以服务为宗旨，以就业为导向"的高校教育是与地方经济社会发展最为密切的教育。

（5）建立专门的校企教师发展组织机构

职业学校产教融合工作虽然取得一定的成果，但还存在着一定的问题，只停留在表面层次意义上的产教融合，还并没有达到深入的校企融合的合作程度，这种合作方式还需要进一步的探索并加深，归根到底是缺乏产教融合制度的支撑。为此，应考虑要充分利用政府机构的桥梁职能。目前，国家还没有建立专门的协调机构来负责设计、监督、考核和推行产教融合，使得产教融合项目难以获得企业主管单位、劳动部门、教育部门的充分协调。为了实现校企两方面达到"双赢"的目标，建立产教融合新机制，需要政府部门积极采取有效措施，让企业在确立市场需求、人才规格、知识技能结构、课程设置、教学内容和成绩评定等方面发挥相应作用。学校在关注企业需求变化的同时，也应在政府相关部门的指导下进行专业方向调整以及培养规模的衡量和培养方案的制订，真正把产教融合、培养高素质技能型人才工作做好。例如，建立教师发展中心、教师企业工作站、教师国际工作站、青年教师工作室、青年教师成长学校等，通过搭建优质的硬件平台和软件平台保障教师发展。

（三）完善产教融合下外聘兼职教师队伍

产教融合运行过程中，不仅需要专职教师，还应聘请企事业单位的专家、技术骨干、能工巧匠到学校担任兼职教师，传授实践技能和知识技术的应用，并承担部分专业实训课及相关课程教学任务。

1.外聘兼职教师的任职条件

具有良好的师德，较强的敬业精神。具有一定的教育教学经验，熟悉高校教育的教学方法。某些专业课程经批准可适当放宽任职条件，但仍需持有相关专业职业资格证书，或技能岗位等级高级工以上，或具有相关专业三年以上工作经历，且身体健康、精力充沛，能完成教学任务。

2.外聘兼职教师的职责

教学工作量包括上课、辅导、批改作业、出试卷、批改试卷、评定成绩、试卷材料归档等。需按学校的教学计划、课程标准等教学文件进行讲义组织和教案制订，需按行动导向、学生主体的要求实施教学，并必须备有所教课程的教案，以保证教学质量。严格按照课程表讲课，未经聘任学院和教务处批准，不准擅自调课、停课或者更换教师。因事因病请假，复课后必须及时补课。认真进行课程辅导，作业批改。参加所授课程试卷的出题、监考、评卷等工作。在每学期课程考试结束后，按学校应要求及时录入和送交学生成绩，并按照学校对试卷相关材料的要求，提供相应的材料。参加各院（部）组织的集体教研活动，每学期参加教研活动不少于4次，并对学校的各项工作提出合理化建议，从而共同搞好教学活动。

3.外聘兼职教师的管理

外聘兼职教师管理由学院（部）、教务处、督导处和组织人事处负责。各院（部）按统一的要求建立起本学院（部）外聘兼职教师档案。组织人事处汇总并建立全校外聘兼职教师档案库。各院（部）具体负责兼职教师的日常管理工作。每学期召开一次外聘兼职教师工作会议，用于了解外聘兼职教师的教学情况、通报学校教学信息、总结教学工作。教务处负责审核和检查兼职教师的教学工作量。兼职教师的教学质量由督导处和院（部）共同监控。督导处、各院（部）根据教学计划的要求，应不定期抽查和了解外聘兼职教师的授课情况和课程辅导、作业批改等情况，以此检查教学质量。对学生意见强烈、教学效果差或严重违纪的外聘兼职教师，由督导处、各院（部）研究后及时予以辞退，并由各院（部）做好后续工作。

外聘兼职教师应灵活安排教学时间，与学校教师共同开发实践教学课程内容，负责学生技能训练指导，承担实践教学任务，确保优秀兼职教师到校上课；专任教师到合作企业顶岗实践，提高教师实践能力；教师参与企业的技术革新、设备改造与新产品的研发，承担企业员工继续教育的培训工作。

二、职业教育产教融合的学生管理

产教融合办学是职业教育改革的重要方向，是大力发展职业教育的必然要求，同时也是职业教育最优的人才培养模式。产教融合的主体虽是学校和企业，但最终的落脚点仍然是在学生身上，开展产教融合这种模式的教育，目的就在于培养高素质技能型的人才。但实际上，在产教融合背景下，学生的教育管理还不够成熟，严重影响了产教融合对学生培养的实际成效。因此，探索学生管理工作，也成为职业学校和企业迫切需要解决的问题。

（一）学生进入企业前后的管理工作

1. 学生进入企业前

学生进入企业前要进行培训。很多实习生下企业前大多都抱着美好的期待和从学校解放的心情，未曾想过学校的生活与社会、工作生活是存在很大的不同的，其主要表现在与人交往方面以及对于自己的定位不准，故而在下企业后的前几个月会出现不适应，甚至会经常产生离开单位的想法。因此，学校要针对学生下企业后出现的若干问题，对学生进行引导教育，使得学生做好下企业后的思想准备，并勇敢地应对下企业后出现的种种问题，以更积极向上的心态解决这些问题。

首先，应使得学生明确产教融合的意义和目的，激发学生学习动机，同时避免学生产生"学校不管我们了"等消极思想。其次，使得学生明确产教融合学习方式的目的、意义，并结合他们的工作岗位特点有针对性地进行深入细致的顶岗实习前教育和培训，提高学生对企业和岗位的认识。再次，学生离校实习前，要求严格签订好相关的"协议书"和"保证书"，从而加强学生对实习期间安全、法制等方面的重视。

2. 学生进入企业后

（1）建立学生的个人档案

在校企深度合作的背景下，交替的工学结合的培养模式，使得学生不断地变换着自己的角色，在这个时候，学生的思想和心态很容易产生波动。社会上一些好的与不好的方面，都会或多或少影响到学生的人生观和价值观的形成。

（2）辅导员要转变好角色

辅导员是学生的直接管理者，在校企深度合作的背景下，辅导员所发挥的作用显得尤为重要。学生在学校学习期间，辅导员按照学校的常规方法、规则来管理学生。在学生进入企业实习后，其既有"学生身份"，又有"员工角色"，双重角色能使学生的内心产生一些变化，学生既为进入真实的工作岗位感到激动，又为离开熟悉的学校而感到忐忑不安，在这全新的环境中，学生往往容易忽视学校的管理和指导，造成他们不遵守企业和学校对顶岗实习的安排和管理。因此，辅导员则需要转变好自己的角色，由学校的管理规章下转变为按照企业的运作要求和文化内涵来管理学生。

（二）产教融合中学生管理工作创新

1. 校企联手寻求灵活有效的心理教育模式

根据产教融合模式下学生的心理特点，我们应要寻求灵活有效的心理教育模式，这种模式应该贯穿学生的整个学习生涯，并分为实习前、实习中和实习后三个阶段。一是要建立心理疏导机制。在实习之前，有些学生可能会对实习不理解，甚至不认同学校的安排，认为学生就应该在校园里多学习知识。另外还有个别学生踌躇满志、向往社会、向往工作，实习满足了他们开拓新天地的渴望，但又感到自己缺乏专长，缺乏竞争力，对即将面临的实习感到恐慌。基于这种情况，应建立起一套完整的心理疏导机制，即从院领导到相关教师再到辅导员都必须重视学生的心理波动。耐心为其讲解实习的目的、意义，使学生能够以更成熟的思维方式去分析问题、解决问题。学生在校期间，应发扬传统教学模式的优势，多开展各种学生活动，使学生学会如何与人交流，如何正确认识自己，最终形成积极向上和乐观的生活态度。二是要建立心理互助小组。这主要是针对在企业实习的学生。把去同一家企业的学生编成一个或多个心理互助小组，每个小组定期举行活动，在活动中大家可以互相倾诉烦恼，也可以共同分享快乐，通过这样的方式，使每个学生都能获得心理上的安慰，避免心理疾病的发生。三是建立信息联络员制度。在实习期间，选择一些责任心强、善于与人沟通的学生作为联络员，这些联络员通过网络、手机等多种方式将实习情况及时反馈给辅导员或相关企业的管理人员。四是建立有效的沟通机制。这种沟通是多方面的，其包括辅导员、相关教师和企业指导老师的沟通、辅导员与企业实习学生的沟通、企业负责人与学校负责人之间的沟通等，以便及时解决学生遇到的心理难题。五是健全实习结束后的心理辅导机制。学生结束实习返校，辅导员及相关教师可采取总结报告、座谈讨论、个别谈心、评比竞赛等方式，引导学生结合实习，搞好分析总结，并注意在今后的学习、工作中不断改进、提高。这样，产教融合模式下学生管理工作才能产生实际效果。

2. 产教融合形成创新的学生管理机制

学生管理工作是一个复杂的过程，它不仅涉及学工系统，而且若从学院的角度出发，全院的行政系统都应是实施学生管理机制的主体。各级院领导应充分重视学生管理工作的重要性，切实加强对学生管理工作的领导，做到职责明确、体质健全，从而形成一套行之有效的管理机制。产教融合模式注重学生实践能力的培养，使学生在校期间就能尽早地进入企业学习。相对来说，学生在校内的时间缩短、在校外实习时间变长，会使学生管理工作和思想教育工作的难度增大。笔者所在的计算机科学与工程学院推行学生工作辅导员制，同时，学院院长、分管教学工作副院长、分管学生工作副院长都参与到了学生管理工作中来。为了让广大教师更好地了解学生、理解学生、关爱学生，使其真正做到既"教书"又"育人"、使教学工作与学生管理紧密结合，开始实施主要教师（包括校内教师和企业培训师）参与学生管理制度。有了这项制度的保障，辅导员与主要任课教师可以经常沟通交流，对于学生学习、工作、生活状态有了更深入全面的了解，便于发现学生存在的问题，从而有针对性地进行辅导。

学生管理机制不能忽视学生自我管理的重要作用。特别是进入高年级阶段，学生的自我管理显得尤为重要。此时学生对自己的未来进行了规划，形成了较为成熟的想法，并需要朝着个性化的道路发展。学生自我管理并不是指学校和辅导员对学生不再进行管理，而是让学校通过宏观调控，完善各项规章制度，培养学生自我管理的能力；而当学生在自我管理的过程中出现问题时学校和辅导员及时应给予帮助和指导，学校就像一只看不见的手，从总体上控制和把握学生管理工作。这大大提高了学生自我思想的转化和良好行为习惯的养成，提高了学生的管理能力，让学生能够更快适应企业的生活，并且适应社会。

学生管理的激励机制也是必不可少的。学校可以通过与企业联手设立各种奖学金，组织各种优秀学生的选拔比赛等。并鼓励学生以企业的实际项目为课题进行创新研究；结合校内课程学习成绩，由学校与企业共同考核确定；优秀毕业生可优先被企业录用；实习期间由企业考查选拔储备管理干部人选。

产教融合模式下学生管理方式需不断创新。由于学生所处的学习环境发生了变化，其不再是单纯的学校环境，导致很多传统的管理方式因为时间、地点、人数等原因无法正常开展。所以，仅仅通过谈话、沟通等传统方式是不能达到良好的管理效果的。因此，学生管理人员（主要是辅导员）可以定期到不同的实习单位走访、通过网络等方式了解学生实习生活的情况，并及时解决学生思想、心理问题；在活动组织上也应根据企业情况、学生时间情况等因素以灵活形式进行。学生管理工作不仅仅是学校的工作，更应得到企业的支持和配合。企业应配备专人负责学生的管理工作，定期开展企业文化、职业道德等方面的宣传和教育，帮助学生既练技能的同时又学做人。

3.校企文化融合尝试新型的教育理念和管理手段

产教融合模式必然会带来校园文化和企业文化的融合。学校应扬长避短，充分发挥企业文化的积极作用，同时可以引导学生针对自身的问题进行改进。学生在学校文化的氛围中形成了积极向上的人生观、价值观，在接受企业文化的过程中学会了与人沟通、与人合作等能力，从而使学生在学习知识的同时也学会如何做人。在学生管理模式上可以参照企业的组织模式设置班委，以企业的管理模式实行"总经理（班长）负责制"，并按照企业的制度制定班级规章制度，结合企业和专业的特点规划班级活动，可以以项目的形式组织班级活动，从而使学生在校期间就能感受企业文化氛围，帮助学生毕业后更快适应企业的工作。

三、职业教育产教融合的运行管理

运行管理是职业教育产教融合管理工作中重要的一部分，也是保证学校和企业完成合作教学的主要过程。

（一）分析人才需求，开展招生招工

1. 确定用工岗位

在确定合作企业以后，学校和企业一起研讨，对企业的人才需求进行分析，具体包括各岗位的在职人员数量、目前技能水平的现状以及过去每年各岗位的招聘人数，根据企业的生产规模和发展规划，科学预测各岗位人才的需求量以及各岗位的技能要求发展状况，并撰写该企业的人才需求分析报告，从中确定企业的哪些岗位符合学校的专业设置和国家职业标准，将这组岗位确定为校企双制班学生毕业后的工作岗位。

2. 制定人才培养目标

在确定了产教融合的工作岗位群之后，学校专业骨干教师需要深入企业，与各岗位现职人员深入交谈，记录调研数据，撰写工作分析报告。对这若干个岗位进行更详细的职业与工作分析，可借助鱼骨图等分析工具，罗列每一个岗位的具体能力要求，包括胜任该岗位所学的知识与技能、工作素养、通用能力等，然后在此基础上描述人才培养的具体目标。

3. 组建试点班级

确定了人才培养目标后，就可以开展招工招生的工作，常见的有下列三种情形：第一，企业通过社会招聘确定一批准员工（或从在职员工中组合一批人员），输送到学校作为正式学生共同培养；第二，学校完成新生录取后，企业在学校的新生班级或二年级的班级中招聘准员工，将其重组成为校企双班制；第三，在招生前期，企业与学校一起开展招生招工。在招生招工过程中，可以通过宣讲会、现场会等形式对学生进行招聘动员，使学生了解企业。

（二）分析学习任务，开发课程内容

1. 分析学习任务

在正式组建了产教融合班以后，专业教师需要召集企业相应岗位的在职人员开展访谈会，各参会人员要罗列岗位的代表性工作任务，汇总典型工作任务，确定一体化课程，编制教学计划表等分析工具并对各代表性任务进行分析，从而挑选出合适的学习任务。学习任务的设置既要考虑通用的技能，满足该专业国家职业标准的要求，又要考虑企业的专项技能，以实现与岗位的零距离对接。

2. 分析课程概要

确定了课程列表后，专业教师与企业共同分析每门课程的实施情况。一般来说，通用知识与技能主要由学校的专业教师任教，企业特有的专项技能主要由企业派出工程技术人员作为兼职教师任教，因此，产教融合班的任课师资队伍肯定是校企双方共同组建的。在制订教学计划的同时，需要规划好各门课程的任课教师，为教学实施提供师资保障。

3. 开发课程内容

确定了课程概要以后，专业教师召集企业相应岗位的在职人员，利用学习任务描述表，一起对各学习任务进行分析并做出具体的描述，将岗位工作任务的内容、过程、标准及组织形式等转化为课程的学习目标、学习内容、参考性学习任务及其基准学时、教学实施建议和考核评价要求等，进而汇编成课程标准。课程标准是人才培养方案的重要组成部分，也是教学实施的基本依据。

（三）分析实施要求，开展课程教学

1. 确定教学实训场所

确定了课程标准以后，专业教师与企业共同分析每门课程的教学资源。通常来说，通用技能的实训，主要在学校内的实训室进行，企业特有的专项技能，一般在企业内的生产车间完成。在确定教学计划表的同时，不但要确定每门课程的任课教师由学院安排还是企业安排，还要确定每门课的教学场所。

2. 组织课程实施

确定任课教师和教学场所后，开始进入课程组织实施过程。产教融合的课程教学实施与非试点班的课程教学实施没有本质的区别，他们都是按照工学一体原则，在工作页的引导下，以学生为中心，通过自主探究、小组协作和以工作过程为教学的组织流程，通过完成学习任务来获得知识、技能和工作素养，并从工作总结与反馈中获得知识的系统提升。具体的教学活动策划一般包括每一个教学活动阶段的学习内容、学生学习活动、教师教学活动、学习资源准备、学习时间、学习场地等。

3. 监控与管理实施过程

教学实施过程的监控与管理，与非试点最大的不同在于除了基于校园

文化的校纪校规以外，还有基于企业文化的生产管理规范。因此，校企双制班的管理团队也是由校企共同组建的，在校期间以校内的教学管理为主，在企业期间以企业管理为主，双方对学生进行过程考核，且每个学期一起对学生开展职业能力测评，测评结果用于修正今后的教学实施。

第三节 高校产教融合育人的保障与评价

一、高校产教融育人的保障

我国高校在产教融合育人方面进行了很多十分有益的探索与尝试，但从总体上来看，其还没有建立完善的保障体系，在实际的操作过程当中仍然存在着很多亟待解决的问题。高校产教融合育人工作能否有效开展，关键是要从政策、投入和管理等方面予以充分保障，并形成与之相匹配的制度体系。

（一）制度保障

1. 政府

（1）加快健全高校产教融合育人的法规体系

政策制度是产教融合育人深入发展的重要依据。我国高校教育取得了令人瞩目的成就，进入了崭新的发展阶段，许多地方先行先试，出台了地方性的法律法规和政策制度，进行了积极探索，但从整体上，一个有利于产教融合育人的法律制度体系还远未形成。因此，积极推进相关法律制度体系的建设已经成为进一步推进高校教育发展的必然需求。

（2）重点完善企业参与高校产教融合育人的有关制度

产教融合中一个突出的问题就是企业参与高校产教融合育人有关制度的缺失和不完善，主要表现在现有法规制度还没有将企业作为高校教育实施中的一个重要主体，没有直接承担高校教育的任务，使企业处在教育责任的缺失状态，要解决这一问题，需要重点完善企业参与合作育人的有关制度，使企业教育职能制度化。因此，在原有企业参与合作育人制度的基础上，建议增加以下企业参与合作育人的有关制度内容：

第一，确立企业在合作育人中的地位。在大职业教育系统观理念下，企业既是大职业教育系统中的一个主体，其与职业学校一样，具有举办职业教育的责任；同时，企业还是大职业教育系统中实施系统中的一个实施主体，他与职业学校共同实施产教融合。

第二，建立企业资格制度。产教融合育人的目的在于技术技能型人力资本专用化。技术技能型人力资本专用化这一过程对参与企业有一定的要求，如企业的规模、设备条件、企业技术和技能人员的素质、企业文化等，并不是所有的企业都具备参与的条件，所以，企业参与教育，必须具备一定的资格，并建立企业资格制度。企业资格制度可以由行业协会委员会组织制定，制度主要有三方面的内容：一是认定标准和主要内容，二是认定的流程，三是相关配套激励和优惠制度与措施。认定标准重点是企业管理者与技术技能人员的素质、企业设备条件、培训场所条件等；认定流程包括企业申请、对企业进行认定评审、发放认定资格证书、定期考查复审等程序。企业资格制度的建立，一方面有利于规范企业职业教育行为，另一方面有利于促进和激励企业参与职业教育。

第三，明确企业的责任与权力。具有合作育人资格的企业应承担以下责任和权利：一是提供实习岗位。企业根据员工或岗位的比例提供一定数量的实习岗位，实习岗位应该覆盖企业的全部生产过程，并要求这些岗位具有一定的技能含量，核心技能岗位也应占有一定的比例，同时实习岗位要与指导师傅相配套。二是承担用工责任。我国职业教育的就业导向特征决定了企业用工方式必须受相关法规的约束，推行广泛的、制度化的订单式培养模式，对没有承担订单的企业，也应要求企业优先接受职业学校毕业的学生。三是参与教育教学。在大职业教育系统中，企业是技能型人力资本专用化中的一个主体，并与职业学校分担不同时期不同的教育责任，企业只有参与到学校教学工作中，才能提高技能型和技术型人才的培养效率和效益，减少企业人才培养的成本，提高企业整体效益。四是承担培训员工的责任。培训旨在提高员工的水平，使其在技能上不断提高，在专业上不断进步。五是承担职业学校教师的企业实践责任。六是企业享受相应的权利。企业享有对学生实习和就业进行考核的权利、可以根据企业实际需求和学生对实习岗位的贡献优先挑选优秀学生的权利、参与教育教学包括增加一部分企业文化和岗位要求的权利以及在有条件的前提下自主办学和组织培训的权利等。

第四，规定企业应享受的优惠及处罚条款。国家通过政策制度、立法制定优惠的经费、财政、金融和税收政策，保证产教融合中各方的收入受到法规保障。除在原有减免税收政策的基础上，制定企业提供实习岗位的制度，且按照企业年收入标准，规定企业提供实习岗位的形式和方法，对达到标准的企业实行无偿提供实习岗位，对未达到标准的、提供国家急需特殊岗位的企业通过国家补贴来提供实习岗位。为提高产教融合的法律效力，强化法律责任，制定必要的企业处罚性条款，确定处罚的主体、对象和方式，进一步明确企业责任和义务，增强企业参与合作育人的责任心和社会的责任感。

2. 企业

企业要认真落实与国家有关企业职工教育经费提取和使用的规定，把合作育人纳入企业发展规划，制订技术技能型人才培养目标和计划，鼓励和支持在职职工参加培训，以提高技能。企业的高素质技术技能人才应以产教融合方式培养为主，企业之间可以联合举办高校，也可以与高校合作办学。企业应建立工学结合的学生教育制度，面向高校学生开展普遍的、持续的实习实训。企业在接受学生工学结合、顶岗实习时会产生一些问题，但只要在制度的规范下，校企双方互相配合，周密详细安排，许多问题是可以解决的，而且还能给企业带来一定的经济效益和社会效益，如企业的部分生产任务可以由学生完成。在工学结合期间，企业要安排好学生的食宿，保障实习学生的安全，对确实为企业创造了经济效益的学生要支付合理报酬，不能把学生当作廉价劳动力。

3. 学校

高校要规范产教融合育人，必须构建完整而系统的管理制度体系来作为保障，也就是说，产教融合应该制度化。高校与企业能否进行长期合作，在一定程度上取决于双方经过逐步探索建立的各种保障机制，这就要求高校要建立包括教学质量监控、激励和评价等制度在内的产教融合制度保障体系，有效保证产教融合育人的顺利进行。

从教学的角度出发，学校要立足于产教融合育人对教学质量监控的要求，建立以工作准备、实时监控与及时纠偏为主线的教学质量监控体系，并构建由企业参与评价学生技能和素质的综合评价体系。具体来说，要根据人才培养模式改革的需要，吸纳企业行业技术人员、学生、家长和学校管理人员共同参与，不断延伸管理链，改革管理制度与方式，进一步完善质量管理和保障体系，打破传统的质量管理模式，提高质量管理体系的灵活性，针对工学结合、项目教学等教育教学改革的需要，调整质量管理的方法与形式，突出过程监控与形成性评价，切实将管理的重点从固定的课堂或教学主体转移到变化的活动、项目中去；强调实训、实习等实践教学环节的教学质量监控，建立学院指导教师跟踪制度、学生自我评价制度与用人单位访问制度，保证实践教学质量；改进原有的教学质量管理方式，以开放办学的要求，发动行业、政府与社会力量参与质量管理，实现质量管理主体的多元化，并形成动态的反馈与保障机制，从而提升教学质量；改革原有学制、学籍管理模式，推进适合高校特点的学分制，以提高学制、学籍管理的兼容性，鼓励学生取得职业资格证书与自主创业，满足学生多样化、个性化的发展需求；更新原有的学生管理模式，推行导师管理、团队管理、企业管理与自我管理等方式，使学生管理工作适应人才培养模式改革的需要。

从管理的角度来说，学校要进一步完善激励机制，深入分析教师和职工的需求特征，可以采用物质激励与精神激励相结合等方式，建立健全生产、技术、营销、劳动、财务、人事等诸多方面的一整套科学的管理制度，同时又引入合理的竞争机制，如在人事制度上实行全员聘任制，以增强学校领导班子、教师与职工的紧迫感和危机感。要在人员、分配、管理职位等方面建立一系列考核、监督、评估和约束保障制度，将定性分析与定量分析相结合以及将一般分析与特殊分析相结合，形成监督有效和约束有力的管理格局。但是值得注意的是，高校要将这些制度真正落到实处，那在实施的过程中要确保这些制度的公平性、有效性和及时性，为产教融合奠定坚实的基础。

（二）投入保障

经费投入是产教融合育人得以实施的重要前提，而高昂的培训成本是制约行业企业参与合作育人的重要原因，但仍然有必要建立以政府为主的产教融合育人多元化筹措机制。多元化筹措机制的建立需要从改革国家财政收入分配体制和理顺各级政府间财政关系的角度，确立目前和今后相当长的一段时间内职业教育产教融合育人经费投入机制的思路。

1. 政府

高校产教融合育人经费的筹措应以政府投入为主，并以稳定增长的财政投入为基础，发挥公共财政在产教融合经费投入中的导向功能。科学制定明确的财政性经费投入目标，明确政府在经费投入中的责任，重点要合理划分省、地市等各级政府对产教融合投入的责任和比例，将合作育人经费纳入各级政府财政预算，且按照投入的责任和比例，保持财政拨款持续增长，使经费投入与产教融合发展相适应。充分发挥社会力量办学的积极性，改变政府在教育上承担无限责任的状况，把一部分教育责任转移给社会来承担，强调政府和社会办学之间的灵活和多样化的合作。在稳定增长的财政投入基础上，构建多渠道筹措经费的体制，不断增加非政府投入经费的比例，综合运用税收、补助、参股、贴息、担保等手段，为各种民间资本投资高校教育创造良好和宽松的环境。落实国家鼓励企事业单位、社会团体和公民个人捐资助学的财税政策，建立国家产教融合基金，吸纳各种社会资金来发展高校教育。鼓励支持民间以多种形式建立产教融合基金，并利用金融、税收、彩票等手段筹措教育经费，条件成熟的地区也可以试办"产教融合基金"或"职教资产资金管理委员会"，以提高经费的筹集、统筹能力和使用效益。制定和完善农村民办高校教育鼓励办法，鼓励各类资本以独资、合资、股份制等多种形式来开展多元化办学活动。

2. 企业

从技术技能型人力资本专用化来看，企业既是技能型和技术型人才的使用者，也是技能型和技术型人才的培养者，技术技能型人力资本专用化程度的提高最终要依靠企业。目前，企业不愿承担产教融合育人责任的主要原因就是企业缺乏利益驱动，未能在财政、税收及其他经济利益方面得到优惠，因此，企业作为产教融合育人经费的投入主体，需要在法律约束和规范的基础上，制定鼓励和引导各种经济成分的企业投资高校教育的政策，促进企业对高校教育的投资。制定企业投入高校教育的财政扶持和税收优惠政策，需要重点在以下几个方面进行：一是制定对产教融合企业的优惠与奖励政策，明确产教融合成效显著的企业奖励措施；二是支付给学生实习的报酬可以在计算缴纳企业所得税时按规定扣除；三是对企业捐资助学的费用应从所得税和个人所得税前全额扣除；四是对企业与高校共同开展产学研结合，研究开发新产品、新技术和新工艺所发生的技术开发费应予以税前扣除；五是进一步完善企业职业教育培训经费以及职工技术培训制度，明确企业员工教育培训经费足额提取的范围和内容以及对企业职工教育培训经费的监督和管理等。

3. 学校

摆在高校面前的首要难题就是经费问题，在我国现有的体制下寻求多方经费支持的渠道成为高校关心的共同话题。高校要想方设法保证产教融合育人的经费，一是要潜心研究产教融合育人运行机制，学习借鉴国内外的成功经验，探讨吸引合作企业资金投入与回报的合作模式，将高校与合作企业的优势资源深度融合；二是科学制定学校经费预算方案，优先保障产教融合项目的投入，确保校企共育人才工作稳步推进；三是建立灵活的资源合理流动制度，对现有的资源进行大胆的整合，包括教室、实训场所、教学设备仪器设备、优秀教师团队、优秀管理团队和优秀服务团队的重新组合和布局，最大限度地利用好现有的资源；四是完善资源配置评价决策体系，减少在资源配置过程中产生的浪费问题，节约有限的资金并用于产教融合育人项目的建设上，从而谋求学校整体效益的最大化；五是应积极探索充分利用丰富的行业和社会资源来满足高校的专业实训和社会实践教学等方面的需要，最大限度地节约设备、实训场地及基础设施等经费的投入。

（三）组织保障

1. 政府

要进一步建立和完善分级管理、地方为主、政府统筹和社会参与的产教融合育人管理体制，落实发展高校教育的责任。各级政府要把产教融合工作纳入目标管理，在关注就业率的同时，把开展"产教融合、工学结合"的成效作为考核高校教育教学工作的重要指标，建立"产教融合、工学结合"定期巡视检查制度，重点督查各高校落实国家和省政府的有关政策、企业接受学生实习以及相关优惠政策落实等情况。

2. 企业

企业要设立产教融合管理机构，具体负责产教融合育人经费的筹措与管理，搭建产教融合育人平台，制订并实施校企共建专业、实习车间（实训基地）计划；制订并实施接受学生实习实训及吸纳学生就业、合作培养员工和双师素质教师以及先进应用技术研发与转化计划，做到全过程地参与高校高素质技术技能人才的培养，积极探索产学合作机制，主动选派工程技术人员到高校兼课，参与学校教学改革，并与高校共建专业、实训基地、研发中心和经济实体，或是组建职教集团，在产教融合育人中共享高校的人才资源和设备资源。

3. 学校

高校要主动建立由校企双方成员构成的管理组织机构，作为产教融合育人长效运转的组织保障。学校不仅要建立专业教学指导委员会这样的组织机构，更要在校、院、系等各个层面与企业建立组织联系，进而在学校层面构成一个整体。具体来说，可以从以下三个层面来构建校企双方的管理协调机构：一是在学校层面建立专门的产教融合领导和管理机构，从全局的角度和战略发展的高度来思考、协调与解决合作过程中可能会出现的各种问题；二是建立产教融合办公室专门负责对外联络的工作，积极寻找适合开展合作的企业和项目，密切关注企业并与其保持紧密的联系，以确保企业更多地参与人才培养，保证双方的信息通畅；三是建立专业教学指导委员会，要根据每个专业的不同特点，分别聘请行业专家、企业领导与学校的专业教师共同组建。专业教学指导委员会最突出的作用就是确定了以社会岗位群对人才需求为导向，以知识、能力和素质为依据的专业人才培养方案。一方面，这些组织管理机构能够保证双方在合作中根据具体的专业和合作目的来进行职责和权力的划分以及具体实施，使技术、产品更新对人才技能的要求及时地反馈到人才培养的过程中；另一方面，还能够使双方更容易建立并保持稳定的相互信任关系，企业较多地参与指导教学设计、教学改革、教学监控体系的建立与评价标准的制定，且共同制定关于人才培养的教育、教学、科研、师资、教材等管理的基础文件，这样从整体到局部，形成一个较为完备的产教融合管理组织机构网络。需要指出的是，高校要对各层机构做出明确的责权指示，要精心选择适合担任这些工作的教师及职工，使得这些组织机构能够真正发挥出其应有的重要作用。

二、高校产教融合育人的评价

当前，高校学院普遍缺乏一个行之有效的评价模型来比较和评估开展产教融合育人的质量和深度，而评价方法的缺位也势必会对高校学院产教融合育人的热情造成不利影响。质量评价不仅要强调传统教育教学活动效果的评价，还要在教育资源的利用和教育过程与教育目标方面赋予较多的关注，评价的整体目标是能更好地培养适应社会需求的高素质技术技能人才，并将能否适应社会需求，得到市场、行业、企业的认可，作为评定质量的唯一标准。

（一）高校产教融合育人评价体系设计的重要意义

所谓评价，是指从特定的目的出发，根据一定的标准，通过特定的程序对已经完成或正在从事的工作进行检测，找出反映工作质量的资料或数据，从而对工作的质量做出合理的判断。好的评价模式可以起到检验效果，查找出现的问题，引导方向的作用。高校开展产教融合育人评价，在一定时期内，对开展产教融合育人工作起着"指挥棒、风向标、催化剂"的作用，设置什么样的产教融合育人评价指标，就会直接影响到产教融合育人的质量。因此，高校开展产教融合育人评价具有十分重要的意义。

1. 有利于提高产教融合育人成效

产教融合育人评价不仅是现代管理必不可少的重要工具，而且是一项宏大的系统工程。高校产教融合育人评价是一项综合性很强的工作，它包括制订评价计划、确立评价方法、评价方案实施、评价结果公布、评价结果运用五个方面的内容，其中指标设置是基础。对于现阶段产教融合育人评价指标的设置，由于产教融合项目存在着散、乱、小的问题，因此，高校应重点突出发展的方向，即对高校产教融合项目进行分级管理，并在高校层面上将重点放在校级合作项目的建设上。在高产教融合上档次、成规模、规范化之后，对产教融合工作考核指标的设置，就需要把年度发展的目标任务细化为具体的、可操作的指标，指标设置的科学与否直接影响和关系着未来高校产教融合育人的成效。

2. 有利于突出产教融合育人重心

高校产教融合育人评价指标的设置，体现的是高校学院层面对产教融合工作的意图，在什么阶段设置什么样的指标、不设置什么样的指标、对不同指标给予不同的权重，都应当认真考虑，科学设置。产教融合育人评价指标能够引导相关职能部门与各二级学院把注意力聚在什么方向，把优势资源用在什么方面，所以高校产教融合育人评价指标反映的是高校的发展战略，具有十分明确的导向性。

3. 有利于改进产教融合育人工作

高校产教融合育人评价是一项管理制度与工作安排。评价指标必须根据重点工作的需要，即在一定时期内保持应有的稳定性，不能朝令夕改，让相关职能部门与各二级学院无所适从，同时也要与时俱进，在阶段性目标实现后及时建立新的适应时代需要的产教融合育人指标。总之，高校产教融合育人指标的设置，是一个连续、动态、优化、提升的过程，每个阶段都要根据重点工作的新要求，综合研判，适时调整，坚决淘汰过时指标，并增设战略引航指标。

（二）高校产教融合育人评价体系设计的基本原则

1. 导向原则

以质量为导向构建产教融合育人评价体系，重点强化人才共育的质量评价，检验产教融合目标的实现程度，以不断改进产教融合育人的方式方法。

2. 综合原则

产教融合育人评价体系是一项系统工程，应对整个教育教学系统中的各个环节进行全方位的评价，如产教融合育人的条件、内容、效果等，使评价具有综合性，能全面反映教育教学质量。

3. 适应原则

一方面在产教融合育人评价体系确立之后应能够适应实际需求，其可操作性强，各类评价指标设置要合理；另一方面，适应性原则需要评价者和评价对象都适应。

4. 科学原则

影响产教融合育人质量的因素很多，有些难以量化，难于用数据来衡量。因此，制定产教融合育人评价的标准和方法应注重科学性，在指标设置、标准值和权数的确定等方面要进行认真研究和测算，使精确量化与模拟量化互补，能更为准确地反映客观情况。

5. 多元原则

产教融合培养的学生最终接受的是用人单位的考核，而这种考核必须基于企业、学校、学生等多种评价主体。评价主体的多元化，有利于确保绩效考评制度的质量，使考评制度更具有可行性。

6. 多样原则

产教融合育人的评价需要把定性方法和定量方法相结合，把自评与他评相结合，并对合作育人的各个方面进行综合评价，不仅要重视结果评价还要重视过程评价，尽量做到评价方法的多样化。

（三）高校学院产教融合育人评价的内容体系

投入指标反映了高校现有的人力、经费及其他可利用资源等办学条件；产出指标是指高校通过教学活动获得的成果及产出，过程指标体现了高校办学过程中管理、组织和运行的情况，以及相关资源的使用效率等。组成产教融合育人质量评价模型的评价因子有三个：产教融合育人资源、产教融合育人过程和产教融合育人效果。

1. 产教融合育人资源

产教融合育人资源体现的是学校在合作教育中所投入的人员、设备及经费等教育资源，其中还包含了师资队伍建设、经费投入情况以及校内外实习实训基地的建设三个方面。师资队伍的构成强调具备双师素质的教师要在专任教师中占相当的比例，鼓励教师在不影响正常教学的前提下到校外兼职业中挂职，同时了解市场需求，增强自身的实践能力。经费投入应要向实践教学倾斜，保证学生的实习实践经费专款专用，突出学生实践能力的培养。学校各专业要拓展学生的校内外实习实训基地，不仅数量上要满足，同时还要保证学生实践的学时，并全程监控学生实习实践的效果。

2. 产教融合育人过程

产教融合育人过程体现在三个方面：专业建设、课程改革和教材建设。学校各专业要尽可能地开展产教融合，专业建设除要重视校内的培养外，还要加强学生校外的实习实践。积极开展课程改革和教材建设，开发产教融合课程，共同开发教材和实训指导书，并且学生的考核应采取校内考核和企业考核相结合的方式，甚至直接将企业考核或社会考试成绩作为学生课程的成绩。

3. 产教融合育人效果

影响产教融合育人效果评价的重要指标有：毕业生取得职业资格证和双证书的比例、校外实习基地每年接收毕业生的人数比例、学生总体就业率、企业投入的经费或捐赠的实验实习设备总值、学校每年为企业服务的年收入及培训员工和人次、教师的技术专利和技术发明的数目等。

（四）高校产教融合育人评价的标准体系

高校要以提高人才培养质量为目标，与行业企业共同对师资队伍、实训条件、课程体系等进行过程监控、反馈与评价，并实施人才培养质量监控的动态管理，校企共建产教融合育人标准体系、产教融合育人质量评价标准体系和产教融合育人质量保障体系。

1. 校企共建产教融合育人质量标准体系

充分发挥行业企业和专业建设指导委员会的作用，积极开展工学结合教学改革，并制定符合专业人才培养目标的合作育人质量标准体系。对专业的工学结合人才培养模式构建、基于工作过程的课程体系开发、教学条件保障、专业设置与调整等进行系统的规划设计，制定专业的人才培养标准、课程标准和教学标准。强化产教融合专业人才培养质量标准制定的"过程控制"，确保专业培养目标与用人单位对专业人才需求目标的一致。

2. 校企共建产教融合育人质量评价标准体系

引入行业、企业标准，通过制定产教融合育人各环节的质量标准、质量评价标准、质量保障实施办法与反馈办法等制度，将产教融合育人质量过程评价与结果评价结合起来，单项评价与综合性评价相结合、学校评价与企业评价相结合、注重人才共育过程与质量评价要素的有机结合。建立由合作育人组织管理、合作育人工作评价、合作育人过程质量管理、合作育人质量检查等环节组成的完善的质量保证与监控评价体系。并明确合作育人质量评价指标，规范和创新"生产实训""工学结合""顶岗实习"等实践环节的质量监控，从而构建符合产教融合、工学结合人才培养模式的具有职业教育及专业特色的质量评价标准体系。

3. 校企共建产教融合育人质量保障体系

依托行业、企业设立专业建设指导委员会，对生产过程、教学组织、成绩评定等进行共同管理，探索校企共管机制。成立校企成员岗位互聘的组织机构，构建人才培养质量组织保障体系。并建立校企共管制度、岗位互聘制度、人才培养方案和课程体系共建制度、适应工学结合的教学管理制度、校企共同评价教学质量制度、专任教师下企业制度、兼职教师聘用管理制度、顶岗实习管理制度、人才培养状态数据平台监控、分析、反馈管理制度；建立和完善专兼职教师教学规范要求；建立和完善生产实习、毕业实习、毕业设计质量评价标准，等产教融合育人管理、监控与评价制度。

总之，产教融合育人评价体系的建设对高校教育人才培养质量的评价至关重要。高校应建立以实践学习条件、职业素质发展为评价核心，并逐步形成以学校为核心，政府部门、行业、企业及其他社会组织共同参与的质量评价体系，不断完善产教融合育人质量评价体系，通过提高教育教学质量，提升其服务经济社会发展能力。

第五章 产教融合视域下高校就业创业管理

第一节 产教融合与就业创业教育结合的必要性

一、教育跨越式发展的需求

迄今为止，中国通过普及九年制义务教育和扩大高等教育招生规模，实现了教育的跨越式发展。与此同时，在收获人口红利期间，劳动年龄人口的比重高且增长速度快，接受了更多教育的劳动力大规模进入劳动力市场，也显著改善了劳动力的整体人力资本存量。相应地，全国新成长劳动力所拥有的人力资本总量呈现负增长，劳动力存量人力资本改善的速度也开始放缓。在分解经济增长因素的各种模型中，发现劳动者受教育年限是一个重要的人力资本代理变量。人力资本培养也面临着一个重要的攻关期，且要从教育发展的数量和质量两个方向努力跨越关口。为此，要以技能培训延长人口红利。正规教育不是唯一的人力资本积累途径，技能培训作为一种继续教育的手段，必须发挥起不可或缺的作用。针对中国发展面临的特殊挑战，即人口老龄化日益严峻、人口抚养比提高和产业结构调整加速，若从劳动力供给、养老资源可持续性以及解决劳动力市场技能供需匹配等几个角度看，其都迫切需要加大对在职劳动者的技能培训力度。

作为人口年龄结构变化趋势所要求的必然举措，党中央已经确定了渐进式延迟退休年龄的方针。由于人口抚养比提高，导致劳动力短缺成为常态，养老资金缺口也将加快积累，通过延长劳动者的就业年限可在一定程度上缓解这些矛盾。当前的制约因素在于，接近退休年龄的劳动者具有较低的人力资本禀赋，现有的技能并非市场和企业所需，潜在的失业风险使得这个群体不愿意接受延迟退休年龄的安排。当新一代劳动力成长起来固然可以解决这个问题，但远水不解近渴，仍必须从劳动者存量的技能培训入手，需创造条件让已经临近退休年龄的劳动者群体有能力、有意愿延长就业年限。首先，产业结构变化和相应的就业岗位自动化、人工智能化是必然趋势，也是符合建设现代化经济体系所需要的。但是，在这个过程中产生的就业矛盾，既要求按照市场信号进行劳动力资源的重新配置，同时也需要政府提供公共就业服务，特别是与产业结构变化方向相符的技能培训。其次，职业技能培训应该以市场需求为导向，要求培训的供给和组织形式多元化，并从而形成竞争。最后，鉴于技能培训对于转换方式、调整结构和转换动力的至关重要作用，政府应该将其作为公共产品对待，最大限度的承担责任，并尽可能充分地投入公共资源。

二、深化更大范围的产教融合，促进更高质量的区域发展

（一）新时代区域发展呼唤职业教育有所作为

中国的发展正处于重要的战略机遇期，为促进区域的协调发展，国家先后推出了京津冀协同发展、长江经济带发展、长三角区域一体化发展、粤港澳大湾区建设，并将要制定黄河流域生态保护和高质量发展新的国家战略，从而为我国区域的协同发展提供了行动指南。同时，随着我国经济社会的不断发展，"城市群"的不断出现成为我国区域经济发展的重要特点之一。

从经济学的主流观点来看，区域经济的发展主要取决于供给和需求两个方面。从供给侧来看，劳动力、资本、土地、技术、管理等要素的投入和生产效率的提高速度均（全要素生产率）决定了区域经济的发展水平。职业教育是区域技术技能型人才的主要供给者，是区域供给侧结构性改革的组成部分。经济增长速度换挡期、结构调整阵痛期、前期刺激政策消化期"三期叠加"的影响持续深化，经济下行压力加大。在这样的时代背景之下，探寻新的增长动力、引领和适应新常态成为亟待解决的时代课题。新时代区域的创新、协调、绿色、开放和共享发展呼唤职业教育有所作为。

（二）新时代职业教育在区域发展中大有可为

"坚持产教融合、校企合作，坚持工学结合、知行合一"是关于加快我国职业教育发展的重要指示。我国新时代经济社会发展的阶段性特征，要求我们进一步优化经济结构、转变经济发展方式、转换增长动力，不断满足各行各业对技术技能人才的迫切需求，职业教育的作用和地位日益凸显。"凡

益之道，与时偕行"，在新时代职业教育中必将在我国区域的发展中扮演越来越重要的角色。无论是职业教育的现实体量，还是区域发展对职业教育多元化的现实诉求，其都决定了职业教育将在区域创新、协调、绿色、开放和共享发展中大有可为。

（三）促进新时代职业教育在区域发展中作为的重要性

产教融合、校企合作是职业教育的灵魂，并且大力促进产教融合、校企合作、工学结合是职业教育的重中之重。新时代的职业教育要牢牢把握服务发展、促进就业的办学方向，并在区域的发展中有所作为。为更好地促进产教融合，更高质量地促进区域发展，我们还应进一步加强城市群等更大范围的产教融合，以专业群建设为抓手，以产业链为依托，以此来深化更大范围的产教融合，促进更高质量的区域发展。为深化更大范围的区域合作，首先，应固本培元，打造不同层面产教融合的典型模式。"求木之长者，必固其根本；欲流之远者，必浚其泉源。"更大范围的产教融合需要落实到每一所高校、每一个具体的专业（群），且各高校应根据所在区域的产业结构和特色优势产业，按照"人无我有、人有我优"的原则，因地制宜，打造自身的特色优势专业（群），探究微观层面的产教融合典型模式，同时为更大层面产教融合模式的形成铸就"基础"与"精元"。在此基础上，进一步促进了不同区域的之间优势互补，进而实现不同区域错位发展与良性协同。其次，也要积极借鉴国外典型成功经验，"他山之石，可以攻玉"，德国的"双元制"、英国的现代学徒制、澳大利亚的"TAFE 学院"、美国的社区学院、加拿大的合作教育等特色鲜明的职业发展模式为我国职业教育产教融合的开展提供了诸多鲜活经验。最后，外优环境、守正创新，利用好各类政策手段，为更大范围的职业教育产教融合提供各类政策保障，进一步清除各类政策壁垒，促进知识、技术、人才等创新要素的充分流动。同时，做好现有模式基础上的创新工作。"明者因时而变，知者随事而制"，根据产业链需求的变化、区域发展现实要求的改变，不断创新不同层面产教融合的具体模式，以深化更大范围的产教融合，从而促进更高质量的区域发展。

（四）区域产业集群化亟待专业建设的群集化发展

当前我国区域产业发展已呈现出十分鲜明的集群化、链条式发展特征。呈现链条式发展的区域产业集群对技术技能人才的数量与规格的需求必然会发生转变，这就迫切需要教育供给侧能够因应产业发展对人才的新需求，而专业建设的集群化发展正是应对这一趋势的关键。随着区域产业发展呈现出高度集群化特征，一系列具有紧密关联的技术技能型工作岗位开始出现，并逐步呈现岗位聚集的现象，共同的产业与行业背景决定了这类人才之间具有共通的知识、技能和素质基础，产业集群化发展亟待以服务区域经济社会发展为使命的高校在专业建设上走向集群发展道路。

专业群建设对于高校自身而言同样具有重要的价值意义。其一，有利于节约资源投入，通过高效利用教学资源降低办学成本，其大大降低了各类教学资源的投入以及教学组织管理的复杂性。其二，有利于增强高校适应区域产业机构调整变化的能力，专业群可以根据外部环境变化，灵活调整专业方向和自身的内部结构，使各专业通用共享的技术平台和资源可以得到持续利用，这就保证了专业群的生命周期要远大于单一专业。其三，有利于发挥资源整合优势，提升服务能级和品牌影响力，专业群建设可以为区域产业集群提供全方位的技能人才解决方案，并且通过专业组合形成合力，使其更易创造出特色和品牌，从而提升学校知名度。当前绝大部分高校已经如火如荼地开展了专业群建设的实践探索，但由于受到学科群思维的羁绊以及传统专业建设模式的影响，高校专业群建设存在着如下一些亟待解决的问题。

1. 专业群组建"随意拉郎配"

专业群组建是专业群建设的首要问题，唯有实现专业群的科学组建才能够真正发挥"集群"优势。倘若所组建的专业群在没有展开深入的产业调研基础上就随意"拉郎配"，这样不仅不能发挥专业群资源共享、协同发展的优势，反而会造成群内各专业之间的相互"扯皮"和"内耗"。有的高校在缺乏对区域产业发展趋势及岗位人才需求进行深入调查研究的基础上，仅凭自身的主观经验就将一些原有专业组建成群。这种组群方式与路径就属于典型的学校中心主义，由于未能考虑到区域产业发展的需求，将会造成在开展校企合作过程中，各个专业之间由于所属产业、行业之间存在着较大差距，而无法为当地区域特色产业发展提供全产业链的人才供给，并影响合作的规模与效益。

2. 专业群整合"形聚而神散"

专业群组建仅是专业群建设的起始阶段，更为重要的是如何打通专业之间有形和无形的边界，从而实现群内资源的多维深度互融。然而，当前众多高校在专业群建设上仅重视前期的组建工作，并将专业群建设等同于专业群组建，而专业群建设仅停留在纸面或对外宣传上，组建工作完成后，各个专业仍然是"各自为政"，不仅各专业之间未能够形成良好的协同发展态势，反而存在着互相排斥与资源争夺的现象。

3. 专业群优化"关起门造车"

当前，高校专业群的动态优化调整同区域产业集群之间的关联度并不高，这首先表现为针对专业群的评价主要限于院校内部和政府部门，行业、企业以及第三方无论是在参与主动性上还是在参与路径上都存在着明显的不足和缺位，当缺乏全面、客观和必要的外部反馈尤其是来自产业界的声音时，无疑将会使专业群建设陷入闭环之中。除此以外，众多高校在专业群建设上也普遍缺乏行业、企业等产业主体的积极参与，缺乏产教融合的交流合作平台，从专业群人才培养方案的制定到实施，行业、企业的参与度都呈现出较低的水平。

对此，我们首先需要构建多元主体参与专业群建设的协同治理机制。专业群优化调整不应该局限于院校自身，作为院校管理者的政府，作为人才需求方的行业、企业，都是专业群优化调整的治理主体，唯有各方充分发挥自身在专业群优化调整中的作用，才能够真正建立基于产业结构调整驱动专业群改革的联动机制，实现区域产业集群与专业集群之间的紧密对接。这就需要运用整合思维重构政府、市场和高校在专业群动态调整中的生态关系，优化改进各方主体的职责权限，搭建利益诉求协调博弈的互动平台，继而能够使各方主体都能够基于自身不同利益的诉求参与到专业群的调整优化之中。在专业群动态优化调整中，政府应主要发挥宏观管理调控的作用，减少对高校直接的微观干预，尊重高校在专业群动态优化调整中的自主权，以促进市场竞争机制的完善。在具体实践层面，则要深化校企合作，建立由多方组成的专业群建设委员会以及对话交流机制，通过"职教集团""产业学院""校企共同体"等途径深化校企在专业群建设上的协同合作。其次，需要建立基于数据决策的专业群评价反馈信息系统，高校专业群建设是一个不断与区域产业集群人才需求进行动态优化匹配的过程，而如何实现这一匹配不仅需要相关主体的多元协同合作，同时也需要技术手段的支撑。政府应运用信息技术手段来搭建全省专业群动态监测和预警平台，通过逐步建立健全专业群办学过程的动态监测和预警机制，为高校加强办学条件建设、深化人才培养模式改革、完善内部质量保障和评价制度提供依据，从而为合理调整与优化专业群布局提供决策参考，不断提升人才链与产业链的匹配度。就院校而言，其也应该借助大数据分析与应用构建学校内部的专业群评价反馈信息系统，可尝试以专业群建设的目标建构为基础对专业群的资源配置、运行实施和成果绩效进行全方位评价，并对每一评价维度进行逐步分解，细化评价指标，并根据每一指标的特征找寻能够对其进行量化评价的数据观测点，例如，针对专业群建设的成果绩效就可以通过就业率、招生计划完成率、社会培训服务收入、技术服务收入等指标进行测量。再次，需要增强高校建"群"意识并规范其建"群"路径。专业群建设是比传统的专业建设更为宏观系统的一项工程，其涵盖了人才培养模式、课程与教学体系、实习实训体系、师资队伍建设以及专业教学资源建设等多个方面。为了能够真正实现对专业群建设的系统推进，亟待高校认识到专业群建设对推进学校人才培养模式改革所具有的重要价值和意义，并明确专业群建设的方向与路径。一是基于所服务区域产业集群内部职业岗位群的分布特征科学组建专业群，在明确区域产业集群的类型特征及其所服务面向的职业岗位群之后，方可依据职业岗位群之间的关联模式组建与之相匹配的专业群类型；二是构建适应专业群建设的创新型组织管理模式，根据专业群建构的类型与特征建立与之相适应的专业群管理组织，打破专业之间的隔阂，建立专业间的内在联系与协同机制。最后，系统规划打造"平台＋模块"的专业群课程体系，根据专业群所面向的产业链中的职业岗位群的内在逻辑关联，构建"底层共享、中层融通、高层互选"的专业群课程体系。除以上内容之外，师资队伍、实践教学体系与教学资源体系都应该以专业群课程体系为指针进行系统构建。

首先，贫困县域职业教育发展脱嵌县域产业发展。因为受制于封闭的地理交通环境、薄弱的经济发展基础以及劳动力的大量流出，贫困县域以传统农业为主要经济发展模式，第二和第三产业底子薄、规模小、效益差。虽然各贫困县建设有规模大小不一的工业园区，但园区大多入驻的是如服装制作厂、食品加工厂等低技术含量、低薪酬回报、高劳动强度和长生产时间的劳动密集型企业，且这些企业普遍生产环境差、用工制度不规范、生产周期不稳定。单一、低端的产业结构和产业水平既无法充分吸引、吸纳职校学生，也不利于技能人才培养，在此背景下，县域职校出于生存的考量，通常在两种选择中徘徊：一是舍近求远，将产教融合的目光定位于省城或东部发达城市，面向第二、三产业开设时髦专业并输送技能人才；二是淡化、弱化产教融合，将主要办学精力投入升学教育，培养升学人才。无论是哪种行动选择，县域职校与县域产业都会各行其道、脱节发展。

其次，贫困县域职业教育校企合作脱嵌技能人才培养过程。产教融合是我国职业教育人才培养的重要模式，产教融合只是手段，人才培养才是目的。在贫困县域，校企合作主要流于"资源交换"，企业通过无偿提供实训设备、实习岗位等物质资源交换职校学生实习与就业的劳力资源，学校和企业在人才培养方案制定、课程体系开发、实训基地建设等人才培养环节的融合不够，甚至大多没有融合。其中有两个方面原因：一是贫困县域职校主动寻求合作的企业往往跨区域、跨省域，物理距离很大程度上限制了深度融合的可能；二是主动谋求与贫困县域职校合作的企业大多基于用工冲动、缺乏校企合作的经验和能力，其更多是将学生作为生产岗位的员工使用，而几乎无视技能人才培养的基本规律和要求。

最后，深化贫困县域职业教育产教融合需要的多边治理。一是强化省级政府统筹职业教育发展的功能，把脉诊断贫困县域职业教育产教融合的痛点和难点，并在政策、项目、经费等方面给予重点支持，鼓励和扶持省内有条件的企业将生产线、培训基地等建在贫困县域职教中心；二是做实"职业教育东西协作行动计划"，充分发挥东部职业学校在产教融合理念、经验、资源等方面的引领、帮扶作用；三是组建县域之间职业教育产教融合联盟，县域职校之间通过开放经验、共享资源缓解产教融合困境；四是构建县域产业发展与县域职校发展的命运共同体，县域政府在认识上要更加重视职业教育功能，在行动上要加大对职业教育投入，并督促县域企业规范用工制度、优化用工环境、强化校企合作；五是提升贫困县域职校产教融合能力。县域职校要自觉求变，精准定位与区域产业（如"互联网+"现代农业）融合的契合点，不断优化专业设置，在保障学生权益的前提下瞄准企业需求，主动对接企业，创新人才培养模式。

总之、在产教融合的路径选择上，高校应该大胆探索、勇于实践，通过推动院校与产业之间形成多种融合形态，从而科学理解高校教育产教融合的多样途径与多元特征。从产教融合的具体方式上看，高校一方面当然应该寻求与前沿产业和大型企业的深度融合，使人才培养、技术技能积累以及社会服务体现经济社会和产业发展的最新需求与趋势；另一方面也要"俯下身躯"，到乡村去，到基层去，直面当前乡村产业兴旺的种种现实约束，主动将自身发展同农村精准扶贫与乡村振兴战略结合起来，并与乡村产业的优势与能力互补，形成教育产教融合的另一种实践样态。走向乡村，既是高校服务社会、服务国家战略职能与功能的具体体现，更是推动教育产教融合、实现高校自身专业结构调整、能力建设和可持续发展的方式，从而在各自关键领域实现重点突破的重要战略选择。乡村产业涵盖了基础种植业、养殖业、乡村手工业、乡村服务业以及乡村文化产业等，它们共同构成乡村产业兴旺的体系基础。高校应基于自身基本专业结构布局和发展优势，深入研究乡村产业体系的基本形态，从乡村产业生产回报率的提升、产业链延伸与结构调整、产业融合与产业功能扩展以及特色产业发展等方面，准确把握乡村产业的发展状况和需求重点，定位走向乡村的产教融合新方向。具体来说，教育与乡村产业深度融合主要有以下路径：一是联合当地政府与企业，深入研究乡村产业重点、难点、痛点与增长点，来确定乡村产业人才与技术服务的方向与重点，这是解决乡村产业要素回报率低的先决条件；二是搭建人才与技术通向乡村产业的"桥梁"。

三、新时代高校创新发展的使命与挑战

为了更好地适应新时代，满足人们对美好生活的多样化需求，适应经济社会发展的需要，高校的发展应以供给侧结构性改革为主线，以解决问题为导向，以促进发展方式来转变教育模式，在培养创业创新人才中回归人文意识，要解决专业技术技能教学问题，就要把握好精英教育与大众教育的关系，努力实现创新与突破。在创新驱动和转型发展的新背景下，高校以技术技能积累和创新服务为己任，提升学院服务能力和水平，融入国家创新战略，增强教育的核心竞争力。

（一）引领职教改革：激发贯彻新发展理念的行动自觉

理念是行动的先导，新理念引领新行动。"创新、协调、绿色、开放、共享"的新发展理念为新时代高校创新发展实践和职业教育深化改革提供了

重要指引。在"双高计划"的引导下，高校落实新发展理念的自觉首先体现在要把创新放在发展实践首位，技术创新永远是高校的核心竞争力，但是，长期以来，高校技术创新能力普遍比较薄弱。

因此，高校应加强技术技能的积累和创新，提高技术研发和社会服务能力，营造良好的创新生态系统，使高校教育步入高质量发展的良性轨道。同时，高校作为与社会企业密切相关的教育类型，面向每个人，教育培训要面向教育，必须树立开放理念，并面向国内外，加强国内外交流与合作，坚决放弃封闭小学。树立协同共享理念，积极探索和尝试产教结合的校企合作新模式，共享优势和发展成果，解决社会企业参与产教融合动力不足的痛点，实现多办学主体协调发展、共享发展。在贯彻落实新发展观的过程中，高校要自觉承担起深化职业教育改革的责任，进而引领职业教育的创新发展，实现素质的全面提高。

（二）凸显中国特色：推进职业教育类型化发展的迫切要求

职业教育不同于普通教育，其有自身的特点。要使职业教育真正成为需求广泛、功能明确的类型教育，就必须全面实施"双高计划"，要在诚信创新方面下更大功夫，努力推动职业教育从借鉴普通教育向特色教育转变，使中国特色职业教育体系充分展现出强大的自我完善能力和更加旺盛的生命力。不可否认的是，我国职业教育的类型化发展还不够，职业教育的地位还没有得到社会的充分认可，现有的以职业学校为主的职业教育形式已经不能适应经济社会发展的需要，职业教育制度的不完善影响和制约了职业教育质量的进一步提高，因此，注重职业教育类型的特色和创新理念应贯穿于中国特色高水平高校的建设之中。高校要在专业建设、人才培养、社会服务、技术创新、校企合作、内部治理、国际合作与交流等方面进行系统的综合改革，推动重点领域重点突破，拓展职业教育的内涵和外延，丰富职业教育的类型和层次，并完善职业教育的双元教育培养形式，促进职业教育转型升级，以建设特色鲜明的教育类型。

（三）支撑转型发展：响应服务现代化经济体系建设的强烈诉求

当前，互联网产业化、工业智能化、产需一体化迅猛发展。在这一阶段，我国产业转型升级加速，尤其是数字化改造进程明显加快，岗位更迭、技能迁移的广度和深度持续增强，新业态和新市场不断涌现，因此，培养满足新时代需求的创新型、复合型技术技能人才成为职业教育创新发展的迫切需要和重大使命。当前，我国职业教育与产业发展对接机制还不够健全，与高校合作的企业多是当地的中小企业，行业龙头企业和骨干企业较少；高校专业建设和课程建设无法紧跟产业发展步伐，导致所培养人才的技术水平明显低于社会企业现行的技术标准。

（四）比肩世界水平：体现服务国家战略的时代担当

在新的时代背景下，随着我国经济转型，国家越来越重视发展职业教育，把职业教育摆放在更加突出的位置，赋予高校服务国家战略和促进产业升级的使命。高校要积极对接和准确服务"中国制造2025"等国家创新驱动发展战略，提高发展定位，并提升办学水平和技术创新服务能力，深化产教结合、校企融合，打造中国特色职业教育模式。

第二节　产教融合视域下高校就业创业教育课程转型的必要性

一、产教融合对高校就业创业教育课程提出了新的要求

产教融合最基本的理念就在于推动教学和产业之间的融合。学生能够突破固有的角色定位，其既是一名学生，也是一名工笔者，在双重身份的定位之下，学生能够依赖产教融合平台提供的多元化资源，推动自身在理论知识、技能实践、潜能等方面的最大化发展，无论是对个人的成长还是对院校的发展都大有裨益。产教融合有助于学生的创业和就业竞争力直线上升，突破传统的课堂教学模式，学生能够近距离地接触企业或者产业，将自身学到的理论知识最大限度地消化吸收，并且将其运用到实践工作中去，这种理论和实践的结合，使学生可以将知识技能以及实践技能转变为自身的潜能，甚至是实实在在掌握的生存能力。同时，学生在实践的过程中会碰到各种各样的问题，自身的主观能动性以及灵活性可以得到进一步的调动，解决问题的过程也容易让学生产生满足感，以及形成创新意识。除此以外，产教融合的背景要求高校的就业创业教育课程必须转型，高等职业教育院校必须考虑企业、行业、政府、社会等多领域对于人才的需求，进而对职业教育的教学模式、教学内容、考核方式等予以优化调整，致力于培养就业以及创业的复合型人才，以符合社会发展、企业发展和行业发展的实际要求。为此，在产教融合

的背景之下，高校的就业创业教育课程亟待改革，新的背景自然代表着新的要求，对于高校的就业创业教育课程而言，需要提出更加严格的课程建设标准，无论是企业还是行业，都对人才的需求进行了多样化、动态化的调整，因此，高校提出的就业创业教育课程必然也需要更加符合企业以及社会的需要。在现阶段产教融合背景下，针对高校就业创业教育课程提出了更加严格的标准，主要有以下三个方面：

（一）校企携手合作，共同引导高校就业创业教育课程更新

产教融合意味着企业未来将成为高校办学过程中不可或缺的主体之一，将和学校联手，打造多元化的办学机制，在携手共赢的状态下教书育人，这是高校教育史上的一次重大突破，可以说是里程碑式的一次改革，这也要求在高校就业创业教育过程中，必须考虑到企业需要，并且在帮助大学生明确人生目标的同时，增强学生就业创业的意识和信心。除此以外，在相应的课程指导与考核体系中增加和企业相关的教学内容、实践机制、考核评价标准等，促使高校就业创业课程教学效果能够再上新台阶，使校企携手合作、共同引导能起到至关重要的作用。

（二）高校就业创业教育课程中渗透产业创新技术元素

想要真正地在产教融合的背景之下推动高校培养学生就业创业能力再上新台阶，创新能力就至关重要。无论是对于企业而言，还是对于社会而言，创新都是增强个体竞争力的重要支撑力，而创新能力的主体又是人才，因此，这也要求高校未来的教育方向应集中在培养综合创新型人才上，以促进企业、产业和社会结构的内部升级。高校借助就业创业教育，将产业创新技术元素融合其中，推动学生提升创新意识和创业能力，继而能够深化创新行为，由此来提升人才培养的质量，从而进一步推动创新技术元素在产教融合领域的渗透。

（三）高校就业创业教育课程中不可以忽视产业发展需求

在产教融合背景下，高校教育的办学理念也有了进一步的优化和调整。必须贯彻落实产教融合机制，推动产业和专业之间的和谐共生，着力培养复合型技术技能人才，以推动高校学生就业以及创业能力的提升。除此以外，高校的办学还要服务于区域经济产业需求，这也要求高校推出的就业创业教育课程应当与地方经济发展、企业、行业的需求相吻合，并考虑企业或者产

业的人才需要，以其为核心帮助学生做好未来职业生涯的规划，确定就业以及创业的基本方向，通过创新意识的培养来带动就业以及推动创业活动，真正地将人才优势转化为科技优势、产业优势和实力优势。

二、产教融合背景下高校就业创业教育课程转型的必要性

（一）提升学生的综合素质

就业问题在民生问题中占据着重要的、不可忽视的地位。因此，解决就业问题就是解决民生问题，推动高校学生走向多元化的就业以及创业道路，关乎民众的基本生活。2019年初，教育部出台了关于全方位落实素质教育的相关文件，文件中特别强调，除了培养学生的实践技能以及专业技能以外，在其就业创业能力的构建过程中还需要强化学生的创新意识。作为高等院校中一大主体的高校，如何贯彻党中央的精神、全面地落实育人要求、致力于培养具备综合素养以及创新意识的复合型人才，以满足创新型社会以及创新型国家的需要，是当前高校必须深入思考的问题。这既是时代赋予的使命，也是高校想要进一步发展必然需要迈过的门槛，高校就业创业教育课程转型已经到了关键时期。

（二）实现建设创新型国家目标的必备支撑

未来我国将着力构建创新型的国家，就必然需要科学技术作为强大的源泉保证，而创新型人才则是该项保证的主体。高校培养的就业创业人才也必须具备一定的创新能力，这项光荣而艰巨的伟大使命给予了高校不小的压力，当然这也是高校未来崛起路上的强大推动力。

（三）推动深化产教融合的必然要求

产教融合的背景要求加快产业化进程，高校需要以产业化作为资源平台，就业和创业教育需要考量产业化的发展需要，一旦缺乏了产业化支撑，产教融合将失去其生命和活力。就业创业教育目前亟待改革的原因之一就是教育和产业之间的融合度不够，特别是处于经济发展较为落后地区的高等高校，其本身与企业合作的深度和广度尚且不足，相关课程的设置缺乏科学性，教学方法、考核模式、师资力量等方面也亟待改革，这些就业创业教育领域改革的缺失在一定程度上阻碍了产教融合的进一步深化。

第三节 产教融合视域下高校就业创业教育课程转型的逻辑及影响

一、产教融合背景下高校就业创业教育课程转型的逻辑思维

身处于产教融合的背景之下，高校现阶段的就业创业教育课程必然需要更新。以产教融合作为基本的外部环境因素，促进产业和高校学生之间的对接，让学生在素质教育和实践教育中培养其就业创业能力，注重对学生实践技能的培养，以学生的兴趣爱好为出发点，推动其和平台、产业之间的融合，并精准定位职业发展，不断加以训练，致力于培养综合性的创新型人才。高校在设置就业创业教育体系时，需要遵从的逻辑思维涵盖了基本遵循的就业创业教育原则、具体的课程设置内容、未来的职业规范以及整体项目的运行等多个方面。具体而言，产教融合背景下高校就业创业教育课程转型的逻辑思维需要遵从以下三点：

（一）高校就业创业教育课程需要坚持的教育原则

高校就业创业教育课程需要坚持的教育原则贯穿于教育的始终，以其为核心展开一系列的思想教育、实践教育和理论教育。具体又分为以下几个原则：

1. 系统性与交叉性相结合原则

高校就业创业教育课程需要坚持的系统性原则要求系统化、全方位地对课程的设置予以考量，涵盖了以下两个部分：第一部分，对就业创业教育课程必须进行系统化的设置，有一个统一的教育目标，将人文科学科目和自然科学科目二者有机结合，这是由于就业创业教育需要各学科的共同参与；第二部分，高校的就业创业课程体系，需要将创新课程、公共课程、单科课程综合设置，每个课程缺一不可，要推动其共同发展，只有各个课程之间达成融合，才能共同为就业创业统一的教育目标而服务。

高校就业创业教育课程需要坚持的交叉性原则指的是从改革开放开始，我国的就业创业环境就在不断地完善发展，社会、企业、产业、高校等来自各方的资源共同致力于就业创业项目，为了各项资源之间的对接能够更加高

效顺利，就必然要坚持交叉性原则，加强各个资源的深化合作，共同致力于就业创业教育的发展。与此同时，课程体系的优化应当以技能为核心，以就业为根本，以创业为突破口，以需求为导向，力求课程的设置能够和人才的需求相吻合，使人才具备的专业能力符合社会岗位的需要，以培养复合型人才。

2. 理论和实践相结合原则

高校学生要有合格的个人能力，就必须在实践活动中切实获得，特别是就业创业能力，实践活动是其就业创业能力的外在表现。当前阶段，我国的高校学生就业创业教育体系中的薄弱环节较多，最为明显的就是理论和实践的脱节。因此，在课程体系整改过程中需要坚持的逻辑思维里，必然有理论和实践相结合这一要求，教师应当鼓励学生积极地参与到就业创业的相关实践活动中来，在自身的动手操作过程中深化对理论知识的认知，不过多数高校资源平台有限，设备不健全，从而影响了学生实践活动的顺利开展，高校也要正视这一缺点并加以整改，以便为学生提供丰富的实践机会，并帮助其获得合格的实践能力。高校在践行实践和理论相结合原则的过程中，需要积极地优化调整现行的教育体系，有针对性地对实践课程加以设置，无论是教学时长还是教学的内容与教材的选定，都需要有所改进。除此以外，高校要有意识地引进就业创业实践活动，帮助学生将课堂上的理论知识更多地应用于实践过程中，课程以递增式的方法来促进学生系统化、全面化地认知自身的个人能力，且逐步积累知识。除了让学生走出校园参与实践以外，在校园内也可以举办项目孵化器、企业科技园、就业创业大赛等实践活动，当然，学生自身也可以借助互联网多媒体的渠道，加入企业家论坛、微信群等，借助于这些丰富的信息交流平台，以更加开放的培养模式推动个人的成长进步，加深其对就业创业知识的整体把握，推动由理论到实践的变革。高校在充分认知到实践活动的重要地位之后，就要克服资金困难、环境困难等不利因素，致力于完善基础设施建设，提高整体教育水平，力求能够为学生提供更多的实践活动。

3. 普适性与针对性相结合原则

在当前阶段，高校的就业创业教育体系存在着一个明显的规律，即具备普适性，这是因为放眼全球，就业创业问题是一大难题，对社会的政治、经济、文化等领域都产生了不可忽视的影响。高校学生一毕业就面临着求职问题，能否找到就业创业的有效路径，会直接和个人的发展、社会的和谐挂钩。一直以来，我国之所以对高校学生的就业创业教育倍加关注，就是为了能够提升就业创业的效率，显而易见，具备普适性的高校就业创业教育体系也需要有针对性，也就是因材施教。因材施教指的是在教育过程中，需要充分考虑到学生的个性化特点，有针对性地展开教育，这里所说的个性化特点包含了学生的兴趣爱好、发展方向、个人技能等方面。高校在就业创业教育课程体系的改良过程中，需要针对学生的个性化优势展开具有针对性的关注和辅导，如此才能充分调动学生的积极性和参与度，使其有兴趣吸收知识并且将知识加以应用。总而言之，高校在就业创业教育体系转型的过程中，既需要考虑全体同学的能力，又要考虑个别同学对特殊课程的需求，在面向个人终身发展的同时，也要实现阶段性的自我成长，不能够盲目地否定个性，而是要尊重差异、尊重个性。

4.大就业创业教育与小就业创业教育相结合原则

就业创业教育工作在一定程度上反映了高校对于学生综合素质的关注，并对系统化的素质教育产生了重要影响。借助就业创业教育，高校能够督促学生深入学习关于就业创业的相关知识，并且有勇气、有信心、有能力在就业创业活动中有良好的表现。一般来说，发展高校学生的就业和创业教育，不仅是向学生灌输就业和创业知识，更重要的是，有必要提高学生的就业和创业技能与水平，提高他们的综合素质，无论是就业、创业还是参与特定工作，他们都能很好地应对并实现全面成长和进步，从这个角度出发，我国高校在发展就业创业教育时应着眼于"大就业创业教育"，以培养更多的就业创业人才，以实现我国人才强国的战略目标。

但是，我们不排除"小就业和创业教育"，也就是说，高校通过开展就业和创业教育，培训具有就业能力和创业能力的高校学生成为企业家。我们必须相信，并不是每个企业家在出生之初就具有很强的就业能力和创业能力，他们的成就来自于一点点地知识积累和实践，任何一个学生都有可能在将来创建一个企业。另外需要注意的一点是，高校就业创业教育的转型需要符合本校的实际情况以及区域内的产业特色，学校可以依托自有的教学特色以及现有的科研成果来优化课程设置，充分借助于地方优势和人文特色来设计课程，使学生所拥有的就业创业能力更加符合地方发展的需要。

5.开放性与合作性相结合原则

从目前的基本情况来看，高校的就业和创业教育已经更加开放，就业和创业教育的过程将与社会各方面有着极为密切的联系。同时，随着时代的不断发展和进步，高校的就业和创业教育在整个社会的发展中发挥着日益重要的作用，越来越多的管理组织对其予以高度重视。高校学生就业创业教育不再仅仅是为了培养知识精英，而是为整个社会提供知识源泉和智力支持。因此，高校在开展对大学生的就业和创业教育时，必须与社会进行更多的交流与合作，以促进大学生素质的全面提高和进步，如果要实现这一发展目标，就必须改变其原有的教育教学模式，使高校的就业创业教育更加开放，在教育过程中，有必要与社会开展更多的合作活动，并始终坚持这一发展路线。在开展具体的交流活动时，高校可以与一些公司合作，使学生可以更多地了解企业文化、经营理念、管理方法等，在这种情况下，其可以在一定程度上培养和感染学生，也可以为高校的就业创业提供一个真实的平台，以锻炼他们的就业创业能力。

（二）高校就业创业教育课程需要科学规划教育内容

该部分所说的教育内容，涵盖了学生需要吸收学习的知识，以及建立在就业创业教育需要之上的教学细则，科学规划教育内容能够使得教育过程有据可依。具体的细则涵盖了以下几个方面：

1.帮助高校学生提升就业创业意识

对于高校的毕业生而言，求职率和任用率一直处于一个较为严苛的比例之中。帮助高校学生提升就业创业意识，能够使他们明确自身的正确定位，在成为一名就业者之余，也可能成为企业的创造者，并立足于不同的角度，最大化地发挥个人优势，实现自身的价值。相比于传统的就业方式，创业更加具有挑战性，参考国外针对高校学生就业创业教育的相关研究可知，国家借助一定的经济改革手段可以加快经济发展速度，除此以外，一系列的就业创业教育也能够帮助国家拥有更多的高素质高技能人才，这些人才为经济的发展提供了源源不断的推动力。帮助高校学生提升就业创业意识的驱动力是多种多样的，就个人的层面而言，可以借助个人的兴趣、优势来创业。除此以外，教师也可以发挥其引导者的作用，帮助学生丰富关于就业创业的基础知识，并引发其浓厚兴趣，使其认知到在创业过程中可以体会到种种乐趣及获得益处，推动其主动开展就业创业行为。

2. 就业创业素质的培养

对于高校的学生而言，拥有良好的就业创业素质，能够使其直面挑战，对于自身的职业生涯有着良好的规划，可以使其勇于开拓创新，有勇气、有担当、有责任地展开就业创业活动。高校在对学生开展就业创业素质培养的过程中，要教会学生摆正心态，充分理解就业创业过程中的艰难，要付出时间还有精力，想要不劳而获或者是得到一时的成功或巨大的财富是一种畸形的就业创业态度。因此，高校以及教师在对学生开展就业创业教育的过程中，需要发挥良好的引导和推动作用，不仅要鼓励学生勇于就业创业，也要帮助学生树立正确的价值观，提高综合素养、培养良好的道德品质，当面对就业创业过程中的困难时能够迎难而上，不逃避、不推诿，寻找合适的、科学的方法突破困境，在职场上能够有所建树。除了正确的价值观、良好的道德品质以及较高的综合素养以外，学生在就业创业过程中需要的能力涵盖了多个方面，举例来说，人力资源管理能力、企业经营运作能力等，这些基本的技能是学生开展就业创业活动的根基，而这些能力的培养，目前多数高校也只是停留在了纸上谈兵阶段，无法从根本上帮助学生获得实践能力。高校就业创业教育体系在接下来的改革过程中，要帮助学生形成多种技能，在不断的实践、参与和动手过程中加强认知，夯实基础。

3. 遵守就业创业的相关规范标准

高校学生的就业创业活动想要持久并且取得良好的效果，就必然需要遵守相关的标准规范，因此，高校在就业创业教育体系转型的过程中也要针对相关的规范标准予以讲解。这些规范标准符合市场经济以及社会发展的内在规律，只有在其合理范围之内予以遵守，就业创业活动才能顺利进行，比如，当前阶段的多数自主就业创业活动就需要较多的资金支持，刚刚毕业的学生多数无法承担这些资金支出，于是会寻求政府、社会、金融机构和合作方的帮助。基于此条件的影响，如何进行经营管理、选择什么样的投资项目以及何时能够填补资金亏空等已经无法完全遵从创业者或者就业者的个人意愿，而是投资方起到了决定性作用。当然，这也就意味着就业创业者自身的自主能动性需要酌情减少，但是，这依旧要求就业创业者在未来的职场工作中需要遵守如下规范标准：

第一，创新性原则。首先，尽管我国已实现全面建成小康社会的发展目标，但其发展步伐并未停止，而是保持在全面推进现代化的道路上不断发展。当前社会对就业和企业家人才的需求正在增长，同时与时俱进地更新技术知识的速度也在加快。为了取得更好的发展成果，人们的生活和生产方式也在不断调整。因此所有这一切都归功于创新的力量。建设创新型国家是现阶段党和国家的重大战略决策，这是一个国家更快更好发展的核心，也是提高综合国力的关键环节。但是，建设创新型国家需要创新型人才的大力支持，而培养创新型人才的关键在于教育。因此，在对高校学生进行就业创业教育的过程中，应将创新型人才的培养纳入就业创业教育的全过程，使就业创业教育能够满足国家建设的要求和发展的需求。为了建设创新型社会，实现建设创新型国家的目标，最关键的环节便是培养相应的创新型人才，这些人才必须具备较高的综合素质、独特的创新思想和其他条件。从我国社会快速发展的现状来看，我国的就业和创业人才资源不足，人才素质不能满足当前的发展需要，这是当前人力资源市场渴求人才的主要原因。作为国家未来发展的后备军，高校的学生是最有潜力的群体，而就业和企业家精神教育则是全面提高其职业素养的重要途径，并且可以促进学生的个人能力和素养与创新素质相协调，从而使学生的职业素养符合国家建设对人才的要求。学生进入社会后，即使他们没有从事创业活动，但也可能是其他创新事业的实践者和领导者。对高校学生的就业创业教育，可以使他们在良好的就业创业文化氛围中成长，并培养就业创业意识和提高就业创业素质，从而更好地进行职业教育。毕业后，就可以将创新的共识积极地融入创新型社会的建设活动中。在高校学生就业创业教育中，教师一方面必须激发学生的创新精神，另一方面还必须教育学生尊重他人的知识产权，并保护自己的知识产权。尽管大多数就业、创业知识和技术知识都是公开的，但在公开和保密之间仍然存在紧张关系。有时，为了保护企业利益并尊重创新者的主动性，必须对技术成果保密。并且每个企业在技术上或多或少都有自己的核心竞争力，这可以确保企业最大限度地受益。我国的知识产权制度可以保证每个公众都有自由享有信息的权利，但同时也必须避免因信息披露而侵犯商业秘密、技术专利和个人知识产权。信息公开的目的是为了促进经济更好地发展，政治民主和社会的持续进步，而保密则是为了保护个人利益和公司利益。由此可见，两者虽是相互矛盾的，但却都不容忽视。这就要求必须在特定情况下很好地处理两者之间的关系。

第二，公益性原则。不可否认的是，当前社会存在一定的浮躁性，并且也凸显出部分不良诱惑，从而给社会的政治、经济、文化发展都埋下了祸根。高校的大部分毕业生，在就业创业之前首先考虑的就是利益问题，而且其一般会着重考虑个人利益，并渴望尽快在就业创业的活动中获得资金回报。这当然不是一个完全错误的立场，但是需要在保护公众利益之余再关注个人利益，且不能为了个人利益而损害其他人或者是社会的共同利益。国家之所以推崇就业创业，不仅是为了个人的发展之路能够更加顺利，还是立足于推动社会发展的角度综合考虑的。当前阶段就业创业能够带来的效果日益丰富，就业者或创业者自身的独立性和自主性也有所提升，如果只是单纯地关注个人私利就会使得社会发展陷入怪圈，甚至严重的还可能产生违法乱纪行为，或者是有违道德观念的操作。一个有着正确价值观的就业者或创业者，绝对不会将个人的职业规划置于这些领域之中。为了避免学生形成自私自利、以金钱为尊的错误观念，就需要在就业创业课程中给予学生正确的思想灌输，并对其错误的行为予以纠正，帮助其建立正确的价值观，在整个就业创业教育体系中贯彻正确的规范标准，并将经典的案例来作为正面或者是反面的教材参考，从而帮助学生认识到忽略公益性规则所带来的严重后果，督促他们从大局出发，在获得个人经济效益的同时，也能为社会的正向发展而助力。高校学生的年龄特点以及心理状态决定了他们是否拥有就业创业的激情以及无限的发展潜力。在正确的教育方针引导之下，学生便可以形成正确的思维逻辑，在日后的就业创业过程中遵循规则，拥有较强的社会责任心，在秉持道德规范、遵守法律法规之余使经济利益最大化。

第三，合作性原则。在目前阶段，由于就业和创业项目涉及了相对广泛的领域，因而就业和创业活动无法由一个或几个就业创业者独立完成。这时，一个由投资者、职业经理人、金融机构和技术人员组成的就业创业团体就诞生了。广泛的合作已成为现代社会就业和企业家精神的显著特征。就业创业者进行合作的方式有很多，其中不仅包括企业家之间的合作，还包括就业创业者与高等职业学院、投资者和科学研究机构及政府之间的合作。

在合作过程中，合作规范可以发挥非常重要的作用。它使合笔者可以优势互补，并在解决关键问题上进行合作，从而大大提高了工作效率。从长远来看，高校、政府与大型企业之间的合作呈现出不断深入的趋势，使生产者、学习者和研究者三方的联系更加紧密，同时技术层面的研究方向也正在逐步走向产业化。团队合作是当今高校学生就业和创业的先决条件之一。为了实现就业和创业的成就，仅基于自我中心力量的就业和创业模式已不适合当前的社会发展，这可以从许多知名公司的就业和创业历史中得到验证。因此，为了实现更好的成就，需要有共同就业和创业的伙伴或团队作为其强大的后盾是极为重要的。如今，我们社会需要的企业家是善于处理人际关系，善于组织、合作并能够协调人际关系的各个方面，而不是不喜欢与人相处、性格孤僻，热衷于单打独斗的孤胆英雄。因此，合作意识和团队意识同样是当代高校学生入职后不可或缺的职业素质之一。就业和创业团队的建设需要由一群高度互补的人组成。如果一个团队中有人筹集资金、有人拥有技术、有人拥有广泛的人际关系网等，那么这样的团队便更具战斗力。

第四，诚信原则。市场经营以诚信为本，诚信构建起了人与人之间和谐的道德关系，发展社会主义市场经济必须以诚信作为行为的约束准则，这也是一个合格的人所需要具备的最基础的素质。高校学生在其就业创业的过程中，必须要时刻秉持着诚信原则，并建立诚信创业、诚信就业的观念，用实际行动来践行诚信标准。就业创业必然存在着经济往来，需要建立人与人之间的合作关系，此时诚信的作用也就越加明显。纵观诸多成功的企业家，当他们面对一定的经营危机的时候，往往均是诚信给予了其一线生机，使他们的事业从失败的边缘脱离。由此可见，在日积月累的诚信经营过程中，能够获得的益处并不能用简简单单的经济效益来衡量，而更多的是人与人之间的信任，是人格、是口碑、是尊重。现阶段，科学技术正处于日新月异的发展状态之中，就业和创业的过程中，个人的单打独斗已有所减少，更多的则是团队的共同奋战，而且就业创业活动多数和金融机构、政府职能机关之间都有着紧密的联系。此时，诚信的作用备受关注，无论是金融机构的借贷款还是行政部门的财税，都需要考核就业者或创业者的信用程度。除此以外，在诚信原则的奠基之下，企业之间展开公正、公平、公开的竞争，也能够形成良好的产业氛围，产业和企业之间互相影响、互相促进，共同获得可观的经济效益。如果罔顾诚信、恶意竞争，必然使得整体产业经营进入一种恶性循环的状态。企业自身在生产经营销售的过程中，诚信规范也应当是企业文化之一，只有时刻秉承着诚实负责的态度，其所生产出的产品、提供的服务才能真正地符合社会的要求，才能赢得良好的口碑，获得最大化的经济效益，实现企业的永续化发展。

（三）设置合理的就业创业项目

高校就业创业教育体系转型的最终目的是提升高校学生就业创业的成功概率，并促进其个人综合能力的提高。美国就业学专家拉斐尔特别强调，专家建议、社会需要和学习需要共同影响了目标的设定，因此，高校就业创业教育目标的确立，需要综合性地考量行业专家的建议、社会以及企业对于就业创业能力的需求。作为社会活动中的重要组成部分，就业创业能够满足社会的需求，推动政治、经济、文化领域的发展进步，而且能够凸显就业者或者创业者的个人价值。当今社会需要的就业创业领域涵盖了方方面面，举例来说，在物质的生产过程中，针对生产工艺、材料、技术、产品等项目的研发和利用，就需要就业者或者是创业者来填补研究空白，而激烈的市场竞争也需要就业者或者是创业者在技术、智慧等多方面表现得更加优秀。由此可见，由于社会需求的变动，高校学生在就业创业过程中需要通过不断地投入多样化的资源来产生价值和经济效益，这也就要求高校学生的就业创业规划必须符合社会的需求、贴近社会需要，社会层面给予高校学生就业创业的辅助也会进一步提升，二者之间自然呈现出一种良性互助的关系。如今，国家为了能够给高校的就业创业教育提供一个明确的方向，出台了一系列的条例和相关政策予以指导，但总体来说，其基本理念就是大力支持自主就业和创业行为，鼓励就业者或者创业者多多展示其优秀成果，在此教育方针的指导之下，高校学生积极展开了一系列的就业创业活动。国家在对就业创业项目予以设置的过程中，也存在着一定的机动性协调，对于不符合当代社会发展规律和发展趋势的项目予以抑制或者暂缓，对于更加符合社会需求、能够推动社会进步的项目予以大力扶持，促进其快速成长，具体的扶持方式有资金补贴和政策支持。与此同时，国家在设定就业创业项目的过程中，也额外关注恶性竞争以及行业的畸形发展问题，为了避免其对社会产生危害，采取了一系列的措施。基于此，高校在把握就业创业项目的过程中，要参考国家重大发展战略的走向，考虑社会资源配置，选择良性的、能够促进行业以及社会发展的项目，以此来鼓励高校学生收获更多的经济效益，并推动社会的和谐稳步发展。

二、产教融合背景下高校就业创业教育课程转型的影响要素

（一）师资力量

高校从事就业创业教育的教师必须肩负起以下责任：第一，作为教学活动的主体，教师将关于就业创业教育的相关实践经验以及基础理论知识教授给学生，要发挥好指导者和传授者的作用，帮助学生培养就业创业的基本素质和技能；第二，主要承担教学活动，围绕教学目标以及教学任务设置教学环节，选择相应的教学方法和教学手段，来推动教学的顺利进行；第三，控制课堂活动的秩序，借助优秀的管理方法帮助学生在有序的环境中愉快地学习，确保教学活动质量；第四，根据学生的实际情况以及潜能发挥，优化组合各项教育要素，最终使得教学活动能够符合社会以及行业的需要，这也就要求从事就业创业教育的教师，其自身的经验水平、综合素质要过关，在就业创业教育上能够付出较多的时间和精力。当然，在普通教师自身的教学经验可能不足的情况下，高校也可以外聘专家，用他们的实际就业创业案例来进一步地向学生传授知识。

（二）国家政策及制度影响

想要确保高校的就业创业教育体系能够顺利转型，一系列的制度要素就必不可少，如高校的管理制度、国家政策机制以及法律法规制度等。国家政治、经济、文化等任何一个领域的发展，政府的政策都起到了决定性的作用，特别是对企业而言，更需要考虑国家颁布的经济政策的影响，尤其是身处于产教融合的时代背景之下，经济政策的调整会直接影响到教育行业，其他领域也不例外。国家颁布的针对高校就业创业教育体系的一系列政策或建议，都将直接影响到其优化路径，高校学生能够享受到诸多的优惠待遇。在档案保管服务以及公共服务领域，政府也致力于为就业创业的高校学生提供诸多的便利；而在高校自身的管理制度领域，确定了学分制的就业创业教育机制，将自主学习和课堂学习相结合以及将课堂学习和网络教学相结合，推行选修制、主修制等一系列的学习机制。除此以外，高校设置有专业的、独立化的就业创业部门，负责体系内的工作落实，且传递最新的就业创业信

息、优惠政策、学术论坛会议成果等，力求推动就业创业教育的成效能够更加显著。

（三）高校就业创业团队

当前阶段的创业行为大多是以小团队的形式出现的，主要是由于个人的能力、精力和时间有限，而团队能够取得事半功倍的成果。因此，多数高校都借鉴了该模式，并推出了就业创业团队，团队能否成功取决于成员之间的沟通效率、信任程度以及各自的优势范围等因素，这也就要求团队成员在发挥个人的主观能动性的同时，要有大局观。具体而言，需要满足如下要求：第一，成员的组成以自愿为基准，能够合理地、正确地看待就业创业实践活动，直面挑战，并有勇气、有担当地解决问题，以促进自身就业创业知识和实践技能的丰富；第二，团队具有一致的目标感，无论每个人有着何种的优势，都必须有着统一的努力方向，吃苦耐劳，共同为同一个目标而努力；第三，高校的就业创业团队必须配备指导教师，指导教师的主要工作责任就是为学生在就业创业实践过程中提供正确的指导，整体性地把握项目进度和过程，推动成员之间的有效沟通，在其面对困难的时候能够提出有针对性的解决意见。

（四）管理组织

高校的就业创业教育体系是一个庞大的机制，涉及方方面面，因此必须有一个合格的管理组织来统筹运营。而每个学校可以从自身的管理体制以及实际需要出发，设立相应的管理组织，这并非全国统一，完全可以有各自的特色。通常而言，大部分高校的就业创业教育体系管理机构的组成人员是校区党政领导、教学部门负责人、后勤部门负责人等，他们共同致力于管理就业创业教育工作。并在其组织结构之下又设置有一定的下属机构，以分管院校或分管系别为依托，充分考虑到各个专业的差别，从而有针对性地展开教育活动，推行差异化的实践探索或理论研究。关于实践活动的部分，通常以教务处、院团委、校团委为中心，组织策划相应的实践过程，由专业的就业创业教师以及外聘的专家组成评价团队，针对理论课程以及实践活动给予学生相应的指导和考核。

（五）课程内容

未来我国高等高校转型成功后的就业创业教育体系，在其课程内容中需要体现就业创业的相关教育思想、理念以及具体的教育路径，并且以课程内容作为关键点来确定最终的人才培养计划。在当前阶段，课程内容分为三大模块：一是就业创业基础知识，该部分是整个就业创业教育体系的基础，主要集中于对基本理念的讲解；二是就业创业实践活动，主要是集中于针对如何进行就业创业来予以讲解，通过模拟以及实践来获得就业创业的基本能力以及实践经验；三是就业创业综合能力培养。以前两部分为根基，推动高校学生拥有就业创业的综合能力，由此可见，就业创业综合能力的培养串联起了基础知识和实践活动。为了能够推动学生尽快地培养就业创业能力，我国大部分的高校都推行了就业创业比赛、社会实践、团体实践、案例解析等一系列的活动，而且高校普遍形成了统一的意见，以课堂为基础来普及运营知识、企业管理知识、基础型的就业创业知识等，举例来说，教学内容中包括的领导能力、销售能力、表达能力与市场分析能力都是就业者和创业者必须具备的特质。通过实践教育，就业技能和就业理念二者能够有效结合，突破传统教学课堂的禁锢，并在开放性的实践环境中模拟就业创业活动，这符合产教融合背景的要求。

（六）教学环节

教学环节是达成教学目标的必要渠道。现阶段，国内高校展开就业创业教学有以下四个具体环节：

1. 课堂教学

教师借助课堂教学的渠道传播知识，使得学生能够进一步掌握就业创业基础知识和技能，而且对整体的就业创业环境、要素和思维能有一定程度的把握。大部分关于就业创业的理论认知，都是通过课堂教学的方式传输出去的。

2. 案例分析

枯燥的理论教学总是无味的，无法充分吸引学生的注意力，也无法提升学生的参与度，因此，借助于案例分析的方式，能够生动形象地表达教学内容，帮助学生更快地理解理论知识，而且师生之间能够有一定的互动。目前，大多数教师都倾向于选择实际发生过的就业创业案例，能够有据可查的同时也有着较强的说服力以及可对比性。

3. 集体讨论

参与集体讨论的对象可以是学生、教师、就业创业的成功者、相关领域专家等，他们基于经典案例展开集体讨论，能够在热烈的氛围之中推动学生深化理解就业创业活动，在体会酸甜苦辣的同时，也能够对整体的就业创业流程有更深一步的认知，并且能深刻地了解政府能够提供的多项优惠政策和扶持渠道，增强其就业创业的信心及热情。

4. 模拟就业创业活动

实践型的就业创业活动能够检验学生的理论学习效果，借助多元化的活动渠道，帮助高校学生培养就业创业能力。需要特别注意的是，模拟就业创业活动应当针对就业创业的全程展开，而不是只针对其中的某一个环节。模拟过程涵盖了商机选择、计划制订、成员选择、融资活动、管理活动、具体操作、市场分析、财务分析等内容，模拟就业创业活动属于较高版本的就业创业教育，需要各个方面的支持辅助。现阶段，高校举行的模拟就业创业活动往往依赖于实习基地或项目孵化器来展开，场地和资金支持都存在着一定的薄弱之处，但是该环节的实施确实能够在极大程度上推动学生实践能力的培养，使其在实践过程中能够积累到一定的经验。

第四节 产教融合视域下高校就业创业教育课程转型的路径

在产教融合的背景之下，创新是企业发展的动力，企业自然也就要求实践型人才具备一定的创新能力。高校就业创业教育课程转型要从办学实际出发，在充分参考区域内产业链的基础上，新建教育链、人才链，以就业创业能力为培养中心，帮助学生树立正确的就业创业观念，并形成较强的就业创业实践能力，成为社会需要、企业需要的人才。产教融合背景下高校就业创业教育课程转型的路径分为以下几个具体的方面：

一、人才培养体系中纳入就业创业教育，构建完善的推动机制

产教融合背景下高校就业创业教育课程转型之路，首先就要在人才培养体系中纳入就业创业教育，将就业创业教育贯穿于人才培养的始终，并且以此为导向展开一系列的教学活动。人才培养体系和就业创业教育之间的融合表现在以下三方面：第一，人才培养目标的契合，高校致力于培养技能型

人才、就业创业教育致力于培养具备就业创业能力的人才，二者合二为一，共同推动人才技能的完备以及综合素质的提升；第二，专业教育和就业创业教育二者的融合，在具体的人才培养环节，专业教育不能够脱离就业创业教育，而就业创业教育也不可以和专业教育相背离，只有一体化的教育体系才能推动人才教育目的的实现；第三，产教融合模式，人才培养体系建立必须要基于产教融合的背景，借助于工学结合、校企合作等多元化的渠道，实现理论和实践环节之间的对接，在具体的操作过程中，学生可以深入理解社会和企业对于人员岗位、技术、能力的不同要求，企业、行业也能共同致力于培养学生的就业创业能力以及创新意识。总体而言，借助于以上三方面的深度融合，推动就业创业教育能够精细化落实、全方位开展，除此以外，为了能够切实地推动产教融合背景下高校就业创业教育课程的转型，必须新建一系列完善的推动机制。第一，从院校层面出发，充分地认识到就业创业教育工作以及课程转型的重要地位，规范好顶层设计，以此来推动相关转型之路的践行；第二，确保物力、人力、财力到位，借助于一系列的规章制度，让后续的教育课程转型之路能够有所依据，做到专款专用，建立健全实践设备和环境，构建一系列的有利条件为就业创业教育转型提供客观保证；第三，从行业、企业出发，新建一系列的激励机制。在产教融合的背景下，要求企业、行业更多地参与到高校就业创业教育过程中来，因此要推出一系列的激励措施，鼓励企业和行业提升参与度，共同致力于人才的培养。

二、构建就业创业教育资源平台，加速课程开发

高校之所以构建就业创业教育资源平台，其根本目的就是推进资源的全方位流动，加速共享。因此，高校可以从以下三方面出发，汇聚资源优势：第一，创建就业创业基地，在各种校企合作以及人才孵化基地的支撑之下为就业创业提供空间，在企业和学校的共同帮助下推动校企合作基地以及人才孵化中心真正成长为企业实体，使得就业创业教育能够达到实体规模，从不同专业、不同企业及产业的各自要求出发，提供差异化的就业指导和创业教育；第二，以名师工作室作为载体来传授技能，推行师徒制，传承技艺，提升学生的实践能力，推动产学研一条龙平台的建成；第三，构建数字化资源库。各大院校之间形成就业创业联盟，借助网络课程、线下交流分享等形式，营造资源共享氛围，加速就业创业教育课程的转型。高校的课程开发最基础的功能就是传授相关的理论知识，形成一体化的知识框架，除此以外，高校的课程开发也要考虑行业需求、企业需要以及社会需要，在推动学生就业创业能力提升的同时，培养其创新思维和创新意识，因此，可以设置以下类型的课程：

（一）开发普适性课程，加强自然学科、人文学科以及艺术素养的培养

想要成为一名合格的就业者或者创业者，综合素质至关重要。高校现阶段的课程设置以学生未来的职业发展作为参考标准，形成了专业化、独立化的课程，任何一个专业都在其各自的领域里深耕，推动了知识往更深层次发展，当然，这也导致了专业领域与自然学科、人文学科之间的冲突，学生能够掌握的关于自然学科和人文学科的知识相对碎片化，因此，开发普适性课程至关重要，它可以打破专业性学科与自然学科、人文学科之间的鸿沟，促进二者的相互融合沟通。具备人文内涵的就业者和从业者更容易得到灵魂的升华以及综合素养的提升，在日后就业和创业过程中的表现也更加成熟。

除此以外，普适性课程中也需要涵盖艺术类的内容。高校的艺术类课程不是简单的舞蹈、绘画和歌唱，或者是让同学们去欣赏几场文艺演出、歌剧、戏剧等，而是真正地学会传递美、评价美、塑造美、欣赏美。通过艺术和美，学生能够追求美的享受，提升艺术境界，并将其作为一种思维方式，以此来影响自身的工作及生活，而且艺术不能够只是作为传递美的载体，而应该成为体系化的文化素养。当代复合型人才除了要具备扎实的专业知识以外，还必须具有一定的人文艺术素养，美术、音乐这些艺术渠道能够极大程度地推动人文情感的培育以及感性思维的开拓。众所周知，高等学府对人才的培养无非是为了让学生可以在整体的综合素质能力以及专业技术能力上有一个较为系统的学习和培训，在这一背景下，高校学生能否熟悉、掌握并运用其在学校学习到的课程知识，影响着其在职业发展过程中的表现。因此，当高校在考虑设置就业创业教育体系课程时，同样也需要参考上述的一些理念，一方面要将能够提升高校学生创业普遍意识和水平的课程设置为常规课程，另一方面在课程内容上应该将人文学科、自然学科的指导内容与就业创业专业内容教育结合起来。只有通过合理的教学设计，才能让课堂上的教学真正成为培养高校学生就业创业能力的一种高效方式。

（二）开发实践性和体验性课程，全面强化学生对创就业活动的认知

除了理论学习，现如今的教学对实践教育也愈发重视。当然，原因也是显而易见的，只有通过实践，才能从真正意义上将高校学生自身学到的理论知识加以利用，同时有利于高校生了解社会以及自身未来的工作环境，且更深入、更具体地认识自己所处的职业环境究竟是怎样的。有研究表明：学生在企业实习的时间与学生对自身所处岗位的信息掌控程度是成正比的，这意味着实习得越久，越清楚工作的意义、职责、内容以及自身与职业要求之间存在的差距。虽然现在网络信息技术十分发达，使许多人在进入一个行业的时候通常都已经提前对这一行业有所了解，这种对职业信息的深入把控无疑十分有利于学生在行业中的发展，让他们的工作以及学习有了更加明确清晰的目标，但是这些对职业信息的了解仍然是仅流于表面的。体验这一过程就是指人们用一种在本质的、较为个人化以及主观化的方式来度过一段时间，并在过程当中获取到许多可记忆的信息、事件以及感受。并且为了将记忆更加具体化、可视化，他们还通过不同方式对信息获取的效率、内容进行了一个排序，得出个体通过阅读、倾听获得的信息最终分别剩下 10%、15% 的信息没有被遗忘，但在体验过后的一系列信息中却可以有 80% 保留在了大脑当中，这让人们明确地意识到实践过程在学习当中的重要性及高效性。在以往的教学模式中，教师作为一个主要的角色应不断通过各种方式推动学生学习，而不是单方面在课堂上进行知识的输入。这种"填鸭式教学"很显然无法和由学生通过亲自学习、思考，并结合自身实际情况得出最有利、最有效的工作经验这一方式相比。由此可见，具有高度体验性的实践课程无疑是较为科学、具有较大优势的。高校可以通过设立一系列具有实践性、挑战性的就业创业实践课程，并在当中融入乐观积极的教学理念，让学生们在学习过程当中不断汲取行业的正能量，激发自身信心和工作激情，使学生能够充分感受到生活、工作、学习乃至人生的一系列美好及意义，从而激发学生的实践热情。

（三）开发个性化课程，满足学生的特殊需要

在产教融合背景下，高校就业创业教育体系的转型必然要开发个性化课程，来满足学生的特殊需要，这是由于个体之间必然存在一定的需求差异，从学生差异化的兴趣爱好以及不同的就业创业能力出发，设置个性化、有针

对性的授课内容、授课方式以及评价模式，其更有利于推动学生就业创业能力的提升。个性化的课程项目能够激发学生的学习热情，挖掘他们的个人潜力并且能够满足不同企业、行业的需要。

（四）开发探索性、研究性课程，注重学生创新能力的培养

学者怀特海（Whitehead）对高校存在意义的见解十分深刻，他认为高校之所以存在，是因为它在生命的热情及知识这二者之间架起了一座桥梁，成为老一代学者与新一代学者在学术上相互磨合、碰撞、创新、促进以及发挥想象力的一大平台。学术科研对想象力有着很高的要求，甚至一位学者需要有想象力，才能去拓展那些人类仍旧未探索的领域，并发现更多的问题。但想象力不是凭空出现的，而是在一系列已知知识上的天马行空，而高校无疑可以很好地容纳人们的天马行空，并结合经验，努力使其转化成可被证明的事实，许多高校设立的探索性以及研究性课程就是通过这种方式，巧妙地将原有的经验、创造力以及想象力结合起来的。在这一类型的课程当中，学生可以很好地根据自身学到的理论知识以及教师的教学经验，再配合两者共同的想象力和创造力，通过一系列的研究、探索以及思考讨论，最终发现或者创造出新的知识，并对旧的知识进行更正或者补充。这一过程对学生而言无疑是极其宝贵的，对以往知识的更正能够让他们意识到不能迷信权威和已有的研究，而是要打破原有知识的束缚，并借用辩证性思维和批判性思维去分析事物，同时对自身的创新能力、科研能力提升以及自信心树立都有很大的帮助，这对其日后的就业创业而言同样是十分有利的。

三、构建相关服务机制，加大政策扶持

高校要充分重视就业创业教育工作，并将指导工作落实到底，为就业创业教育构建一个信息化、系统化的交流平台，以此来促进问题的解决，除此以外，高校也要从自身的口碑和优势出发，全面性地整合教育资源及社会资源，聘请知名的专家学者来开展关于就业创业的相关座谈会。高校应当鼓励学生自发性地构建关于就业创业的相关社团，高校要做好出谋划策的指导工作，避免学生在就业创业的过程中出现问题、承担风险。高校要牵头区域内的勤工俭学部门、政府机构、知名企业来展开进一步的合作交流，最大限度地为学生提供一些就业机会或创业岗位，以此来帮助学生积极地展开就业创业活动，建立相关的逻辑思维，为日后走上社会奠定良好的实践基础。

　　除了高校自身的努力之外，政府作为就业创业活动的力推者，应成为连接高校和企业、社会之间的桥梁，因此，要加大政策的扶持力度，尽力地为就业创业活动扫清障碍，提供帮助。政府可以在一些职能机构，比如工商局、税务局等，为高校从事就业创业的学生开设相关的 VIP 通道，或者是联合当地的大型企业定时开展一系列的人才招聘会，为更多的学生提供就业和创业的机会。单纯的政策扶持力度较小，高校也要着力分析区域内的人才缺口，定向服务，为其培养一系列有岗位针对性的实践型综合人才，以此来带动区域内整体经济的发展。

四、加快转型进程，实现教学模式创新

　　如今，高校正在积极落实人才培养的转型工作，而就业创业人才培养以及就业创业教育体系的设立无疑是其中至关重要的组成部分。众所周知，学生的学习态度和学习效果在很大程度上受到了学校的重视程度和教学内容的影响，只有用心并真诚地把就业创业教育作为一个单独的课程、科学化组织教学内容，才能真正让学生有在较短时间内有效地提高自身就业创业水平。与此同时，还应该结合就业创业教育本身不同于其他传统课程这一特点，积极针对课程的形式、内容等多方面，加大改革和创新的力度。在重视理论教学的同时，还应当积极搭配实践课程教学，从而帮助高校的学生进一步加深对行业的体验和了解，在激发学生们学习热情的同时，培养他们树立良好的自主就业创业意识。不仅如此，在激励政策上，仍还要加大力度进行制度规范化改革，如提高就业创业课程的学分等，以此引导越来越多的学生加入就业创业能力培养的大潮中，营造出良好的就业创业能力培养氛围。让学生在不同于以往的学习体验中更加积极地参与其中，并在这一过程中挖掘其自身能力，找到属于自己的就业创业定位。并且高校要充分借助自身优势，利用行业资源、企业资源、社会资源，加速就业创业教育课程的转型，借助于工学结合、顶岗实习等一系列模式，为学生提供有利的实践环境，从而培养他们的就业创业思维和能力。

　　随着产教融合的不断深化，高校在就业创业教育这一主题上不断创新，结合专业本身和企业与学生的个人需求进行综合培养，以学校导师经验及理论课程为基础，个性化地制定出有利于学生职业发展的道路规划。首先，可以通过课内外教学内容高度有机融合的方式，并效仿传统课程的形式，在课

外通过"技能特长"、"社会实践"、"就业创业"三大板块分别进行教学鉴定。"技能特长"板块主要涉及学生曾经获得的相关技能认定，如参加的各级各类技能培训的经历，以及获得的相关荣誉等；"社会实践"板块主要涉及学生曾经参与的寒暑假社会就业实习、实践活动、岗位见习及其他实践活动的经历，并且还有参加国际交流访学的经历、获得的相关荣誉的经历等；"就业创业"板块主要涉及学生曾经参与的就业创业竞赛、各级别学术科研活动等经历，以及其获得的相关荣誉，还涉及学生出版专著、发表论文、取得专利、就业创业实践等情况。通过学分制的形式，对上述的三个板块进行计分考核，以此来设立出一个较为规范、具体、系统、可量化的管理评价体系，让教师及学生对课程和自身能力的培养进程有更为准确的把握，另外，可以借助互联网技术在就业创业教育领域使线上培养与线下培养相结合，其具体方式可以表现为拓宽教育资源及教育方式，如制作电子档资料、用慕课录制教学视频等。要注重理论教育及实践教育的相互配合，通过深入、科学、严谨的研究，结合专业以及学校、师资团队的实际情况进行理论课时和实践课时的合理划分和安排。只有通过合理的规划，才能让就业创业教育在真正意义上以理论与实践相互融合的形式得到深化，给予学习体验新鲜感，确保理论教学与实践教学衔接得当，科学地发挥出更为有效的教学作用，提高教学质量。

不仅如此，还应该根据学生个体的差异化，因材施教进行立体化的管理和教学，确保就业创业教学模式的多重构建。由上文可知，就业创业教育系统设立需要涉及的方面以及考虑的因素十分庞杂，其实是在教学过程中对学生而言，这一课程在具有吸引力的同时，也具有不小的特殊性和挑战性。因此，教育系统要强化对教学质量的把控，必须针对不同学生差异化的具体情况进行深入特定的培育。了解学生在培育过程中有可能遇到的困难以及学习这一课程真正的需求点，在培养学生自主就业创业思维的同时，尊重并配合学生自主选择学习内容以及学习方向的权利，减少所需成本，学生经济情况可能会导致其在进行一些高花销课程的选择时会受到一定的局限，因此，为了普及推广就业创业教育课程，可以放宽价格以及收费门槛，给学生们提供更为轻松简单的学习环境和学习条件。高校可以自行和企业达成协定，协商教育的授课形式和主要内容，教授最基础的就业及创业理念、能力和知识，给学生营造一个良好的学习氛围，让学生可以自觉在理念及意识心态上进行转变，为自身实践课程以及职业发展做好充足的心理建设。因此，学校应与企业保持良好的沟通以及合作关系，确保企业能够在实践平台资源等方面提供保障，促使学生在就业创业领域的实践经验以及理论知识都有较为明显的提高，与此同时，从企业及社会的发展需要出发，加强就业创业教育的时效性、综合性和针对性。另外，高校在进行就业创业教育的过程中要留意部分创业意愿强烈并且符合创业要求的年轻人，对其进行更为深入系统的培养和教育，帮助其促成创业项目的规划以及落地和运营，如果条件允许，可以与某些企业达成合作，在不违背学生意愿及创业想法的情况下开展创业项目，并由学生进行选择和决策；抑或是可以给这一部分同学在创业时分配就业创业导师，进行长期一对一的协助，帮助其有效且及时地开展一系列就业创业实践活动，在发现问题时，由导师进行专业性的指导，并提供一些科学可行的就业创业建议，以促进学生更快地提升自身能力。

五、充分利用互联网渠道和资源，"普惠 + 定制"相结合

借助于互联网资源的优势，坚持走"普惠 + 定制"相结合的道路，着力于高校就业创业教育课程的转型。并且各种网络资源以及信息渠道都可以成为新型就业创业课程的组成部分。举例来说，院校可以采取慕课、公开课、云课程直播等多样化的形式来升级课程内容库，并且采用积攒学分制度或者是在线课堂的学习模式，从而将整体就业创业课程体系分为实践模块、专题研讨等不同的部分，有针对性地向学生传递就业创业的相关知识，并借助于互联网资源的优势，打破了空间和时间的限制，使学生即便是利用碎片化的时间也可以充分地进行学习。而坚持走"普惠 + 定制"相结合的道路上，就可以在普适性的基础上满足学生的个性化需要，从不同的专业、企业、产业需求出发，多用途、多层次、多类别地构建高校就业创业教育课程新体系。具体而言，可以从以下路径入手：

除了学生能在企业以及高校收获就业创业能力外，为了确保就业创业教育系统整体上同样与时俱进，并在教学过程中可以及时交流经验、解决问题，进行就业创业教育指导的导师们同样应该设立就业创业教育教学科研室，以确保教育内容质量及效果达标，并且还可以针对教育评定考核，收集一系列相关资料和数据，从而确保高校就业创业教育课程的顺利开展，同时营造良

好的教育教学氛围，提高就业创业教育团队协作能力。不仅如此，要想更进一步对师资团队进行利用，且发挥其更为强大的效能，高校可以鼓励将就业创业师资团队以自身研究方向以及获得的专利或者科研成果作为创业项目，为学生就业创业的项目选择提供了更多的机会。为了提高科研项目或者专利成果对学生的吸引力，高校可以加大资金方面的投入，以此使科研或者专利成果发挥出切实的效益，转化为具有商业价值的创业项目，并打造学校产业或者院校品牌，而获取的利益则由学校、教师以及学生自行协商分配。这样，一方面可以提升教师科研工作的积极性，提高科研及专利成果的转化效率，而另一方面可以让学生切实参与到就业创业过程中来。除此以外，院校的口碑名誉也可以得到扩大，并且三方同时还能共同获利，无疑是互惠共赢的一大教育实践方法。

六、完善师资团队，推行多元化的评价机制

高校就业创业教育体系的转型，必然需要完善的师资团队来给予教育支持。实践经验以及教学经验丰富的师资队伍才能保证就业创业教育能够取得良好的效果。作为由智力资源组成的师资力量，其对于提高整个院校的育人水平发挥了不可忽视的作用。具体而言，可以从以下两方面入手完善师资团队：第一，打造三方结合的就业创业教育网络。实现这一环节则需要学校将现有的校内资源和社会资源充分结合起来。首先，学校可利用的资源有一批优秀教师和研究团队，这是"教师网络"。其次，学校可以与社会多方达成合作，并引进相关人才来参与到学校的教育中，形成"同行网络"。除此之外，还可以邀请相关企业家、专家来学校进行知识讲座宣讲，以此形成"教练网络"。从而就打造出三层次的教育团体，其从多角度对学生展开就业创业的教育，尽可能满足学生能力培养各方面的教学需求。第二，通过建立考核系统，打造和培养出合格的就业创业师资力量队伍。不仅要让教师加入就业创业的教育当中，同时要为教师的发展提供平台。首先，在教学质量上，为了更好地实现理论和实践之间的连接，要统筹安排好校内教师和兼职教师的课程内容和开课时间，并实现二者有机结合。另外，要加强对教师的教学技能和专业水平的培训考核。其次，从教师的发展层面来看，学校要支持就业创业指导教师将科技成果转让，从而满足教师的职业发展升级需要。

产教融合自然需要学校和其他社会资源的充分融合，因而不管是在教

学阶段，还是在对学生学后成果的评价阶段，其都应当充分发挥各个主体的作用。首先，学校、社会、政府、行业还有企业各方，均要站在就业创业项目所处的外部环境角度，参考项目和市场既有的规定，评价就业创业项目的经营成效、学生在其中的表现等，建立起一个全方位的评价体系。从而借助这些评价标准量化学生在就业创业活动中的综合水平，从而有针对性地提高学生在相关方面的素养。其次，项目导师、项目成员以及同类型项目之间，也要从就业创业项目内部的角度出发建立评价体系，并通过自评和互评的方式，让项目参与人员对自身和项目都能有更深刻的体会和认知。尤其是将学校内的项目与外部企业项目相比较，总结出学生所参与的就业创业项目的优缺点，让学生深入了解项目的前景和自己应当扮演的角色，从而找准改进的方向。

七、理念的转型，课程设置以及培养方式的转型

就业创业课程是近些年来新兴的高校课程，只有使高校领导、教师、学生以及社会各界都对就业创业教育有着共同的正确认识，才能支持学校的教育工作、才能打下牢固的思想基础、才能顺利开展就业创业的课程。详细来分析，应要从以下两个方面入手提升对就业创业教育的重视程度：第一，从学校领导层的角度来看，要积极响应教育部的规定，提高对就业创业教育的重视。学校作为学生接受就业创业知识的第一场所，学校领导的重视程度也直接影响教学的质量。第二，就业创业理论课之所以要优化改良，是因为它自身极高的实践性能够很好地对学生进行素质教育。同时，在教学的过程中，还能有效提高学生的创造力和实际操作能力，从而为国家培养出更为优质的人才。除此之外，就业创业课程的开展促进了学校和企业的联系与合作，从而能够培养出更适应职场环境的优质人才，为国家和社会创造更大的经济价值。因此，就业创业课程对学生的教育十分重要，必须要引起高校领导层的充分重视，并将就业创业的教育切实落到实处。纵观其他国家，美国就业创业教育的发展非常成熟，这是因为院校领导充分认识到了就业创业教育的重要性，并且在实际的教育过程中做到了高度关注。关于教学活动的展开可以从以下几点入手：第一，高校要着手打造校园内的就业创业教育环境。比如，引进相关的教育设施；激发学生和教师的就业创业欲望，一旦有人参与到就业创业的工作中，高校就需要在人、财、物方面给予足够的支持；建

立资金扶持机构，提供多方面的社会资源，如联谊会、基金会等机构；规范展开就业创业教育活动，就业创业教育活动有着很强的开放性和灵活性，因此需要更加严谨的制度来约束。第二，从高校的教师层面来看，要高度重视基于实践的就业创业教学活动。而教师在解决这个问题中扮演了重要角色。首先，教师自身就需要重视相关教育；其次，教师要对自己的教学有信心，且致力于打造实实在在的教育课堂。除此之外，课堂除了理论知识的教育，同时也要让学生认识到掌握实践知识的重要性。虽然就业创业课程是新兴课程，其相关体系建设尚不成熟，但是教师不能抱着"怕、等、瞧"的态度，应当主动改进教学方式，不断完善我国就业创业教育体系。第三，从高校学生的角度来看，要在思想上具备接受就业创业教育的积极性，并主动参与。虽然现阶段高校就业创业教育的体系、制度尚不完善，但是学生掌握相关知识的时间并不能等，而且学生要认识到学习就业创业知识的最终受益者终究是自己，应该具有充分的自觉意识。尽管我国高校开展就业创业课程的时间较短还尚未成熟，但是仍然给学生提供了广泛的资源，这并不会阻碍学生的学习进步。而且，这一课程展开的目的，并不是把所有人都培养成就业创业的天才，而是让学生对社会、市场以及个人的未来能有充分的认知，从而提高学生个人的综合素质。因此，高校的学生应当自觉主动地充分认识到就业创业学习对自己的好处，为个人的发展充分考虑，而不是刻板地按照教师或学校的要求应付，并且制定从个人角度出发的学习目标，积极利用学校提供的各种教学资料以及实践机会充实自己，这对高校生未来的职业发展具有重大意义。第四，从家庭的角度出发，父母应对子女在就业创业的学习上给予大力支持。家庭环境是对孩子教育影响最为深刻的因素，父母的言行举止会对孩子的三观形成产生不可忽视的作用，也正如教育界所说，父母是孩子的第一任老师，孩子往往会在今后的生活中参照父母的言行。从就业创业教育来看，如果子女在就业创业上有什么想法，父母表示出了支持的态度，那么学生对于就业创业就更有信心，学习热情也会随之高涨，并能够集中注意力，投入其中；如果父母并不关心甚至反对孩子对就业创业学习进行积极的规划，那学生就会产生厌倦消极的态度，学习的积极性就会降低，在后续的就业创业学习活动中往往不能达到预期的教学效果，其各方面素养难以真正得到提高。因此，正确的做法是，如果家庭条件适宜，家长对于就业创业有一定的经验，就可以在孩子就业创业的路上给予物质和精神上的支持；如果家庭情况不佳，家长就要注重对孩子的精神培养，让他个人的能力素养得到多方面的提高，并能够更好地应对并解决就业创业过程中出现的问题。第五，从社会的角度来看，社会对就业创业教育也发挥着重要作用，应当为学生营造良好的就业创业教育环境，就目前我国高校就业创业教育发展的进程来看，就业创业教育起步时间不长，还没有在社会上形成广泛的意识，社会的积极推进作用也没有发挥完全。因此，为了保证高校就业创业教育的顺利展开，要集结社会的力量。首先，要解决就业创业教育在社会领域的传播力不足的问题，如今是信息化时代，可以利用媒体、网络等信息传播手段，让社会产生重视就业创业教育的意识，从而赢得社会的支持；其次，加大社会对就业创业教育的资金支持，其需要通过多种渠道来吸引银行此类资金大户与学校达成合作，支持学生的就业创业行为，从而促进就业创业项目顺利开展；再次，建立社会就业创业服务机构，学校不能永远参与到学生的就业创业活动中来，学生终有一天要步入社会，所以建立社会性相关服务以及咨询机构十分有必要，但目前我国在这一领域仍然存在缺口；最后，就业创业相关课程的开设也尤为关键，要遵循教育部对就业创业教育的培养目标定位建立在合适的教育体系和教学方式上。

（一）就业创业意识课程设置及培养方式

高校就业创业课程的开设要以实际案例为依托，收集相关成功创业的典型案例，再引出理论知识，将它们共同编制到课本当中，以案例为主展开教学，进而培养学生的就业创业思维。除了教给学生理性的创业方法以外，还应当注重对学生就业创业精神的培养，开展理商和情商培养课程。除此之外，创新精神的培养也十分关键，鼓励学生积极参加创意活动，帮助学生形成就业创业动力，从而激发学生的灵感。最后，开设管理学课程，在学生具备了创业的条件后，想要维持企业的长久运营，管理能力必不可少，除此以外，还需要与团队达成良好的合作共事关系。

（二）就业创业战略课程设置及培养方式

具备了就业创业理论知识和就业创业精神之后，也要有战略眼光，所以要开设就业创业战略课程。利用相关教学模型，对企业在市场上的竞争状况进行战略分析，让学生体会到企业在竞争中所面临的挑战，了解企业存在的多元化竞争力量，学习到战略竞争的特点，再结合相关讲座，让学生用更加长远的目光开展就业创业活动。

（三）就业创业知识课程设置及培养方式

此类课程旨在培养学生作为管理者的能力，开设的经济相关课程内容包括供求关系、生产成本理论、市场均衡等；传授的法律相关知识内容包括国际商法、合同法、公司法，除了理论知识以外，还要结合终端为王、差异化营销、游击营销、4P 营销等理论，运用经典案例让学生对管理知识有更加深刻的体会。提取组织行为学、人力资源管理的精华内容，让学生对企业人员管理有所掌握，同时，教会学生利用现有资源创造经济价值，举例来说，在高校学生一、二年级开设必修课"就业创业基础课""就业创业管理学"。"就业创业基础课"课程主要是让学生了解什么是就业创业、如何真正实现就业创业、如何规避风险合理投资、如何做好就业创业前的准备工作，以及如何进行企业的战略管理、怎样培养和提高正确分析和解决市场管理问题的实践能力等，以培养学生创新思维。"就业创业管理学"课程的主要目的是让学生认识到如何建立就业创业构想、评价就业创业项目的市场潜力和效益、筹措就业创业资金以及解决经营管理问题等。大三阶段为高校学生就业创业教育中的实践时期，主要是培养学生就业创业素养和综合能力，以大一和大二时所学的理论知识为指导，尝试就业创业实践，从而获取亲身经验。

（四）就业创业实战课程及培养办法

这一专题课程的开设是为了提高学生自主创业的能力，重点让学生体会并了解创业的基本过程，比如，制订商业计划书的方法、流程，并达到能够独立完成的效果；还可以把一些经典的成功案例引入到课程当中来，再结合理论知识分析，找到适合学生创业的相似模式，然后利用所学知识完成策划书，且通过理论和实践等多种方式检验策划书各方面的合理性，争取能够成功完成小型的创业活动。

八、实现理论课程的优化升级

区别于传统的文化课课程，高校的就业创业课程有着独特的性质，其根本目的就是使学生在日后的就业创业过程中能够少走弯路，因此，理论普及至关重要。既要及时地开展理论课的知识传递，也要注重实践课的教授，就业创业实践的主流渠道就是相关的活动，借助举办活动的形式，在虚拟的真实情境中让学生亲自参与就业创业的流程，并将自身学到的理论知识应用于实际执行过程中，培养其就业创业的意识和能力。高校就业创业课程教育体系的转型是实现就业创业活动的前提，因此，其课程内容也要借此机会优化升级。基础课程涵盖以下类型：

（一）"就业创业教育概论"

此科目是高校就业创业教育课程中的基础课之一，其根本目的就是帮助学生深入理解就业创业教育的内涵，并且在此基础之上提高学生的参与度，以激发就业创业热情，使其领悟全新的时代背景之下就业创业的相关基础知识。

（二）"就业创业基础课"

此科目也是高校就业创业教育课程中的基础课之一，其根本目的就是帮助学生全方位地认知为什么要就业创业、如何就业创业以及想要实现良好的就业创业需要做什么样的前期准备。

（三）"高校学生就业创业导论"

该部分主要集中分析在当前产教融合的背景之下，高校学生就业创业的环境以及实际的行业、企业需要，并从现实意义的角度出发，帮助学生理解自身需要具备何种基本素质以及何种就业创业技能。

（四）"就业创业心理学"

不可否认的是，任何人在就业创业的过程中都会碰到各种各样的困难，因此，面对困难时的心理素质至关重要，它将会直接影响到问题的解决以及个人的日后发展，特别是创业是一项高风险的事情，高校的学生由于自身的实践经验不足，社会经验欠缺，很容易遭遇失败。因此，这门学科就是帮助学生构建良好的心理状态，养成抗压能力，能够未雨绸缪，提前应对在就业创业过程中可能出现的各种风险以及难题。

（五）"就业创业法律基础"

就业创业的相关行为必须符合法律规范，此门课程的开设目的就是能够让学生充分地了解法律禁区、了解法律规则。作为一门综合学科的法律类课程，此科目既能够教会学生在就业创业的过程中，必须遵守国家相关法律的规定，又能教会学生如何借助法律的渠道来维护自己的合法权益。

（六）"就业创业管理学"

在学生就业创业的过程中，必然要具有一定的管理能力，通过对这门课程的学习，学生能够更加熟知就业创业的相关管理活动以及所面临的创业风险，并能够对其有一个合理的评价权衡，从而帮助学生掌握日后管理操作运营中相关的要点，以提升自身管理水平。

（七）"市场营销学"

无论是就业还是创业，都离不开市场这个大环境，而且永远涉及买与卖之间的关系。因此，这门课程就是帮助学生提升自身的市场营销水平，让其在日后的就业创业过程中能够获得最大化的经济效益。

第六章 产教融合视域下高校教学综合管理

第一节 产教融合视域下教学计划管理

教学计划，即专业培养计划，是人才培养目标、基本规格以及培养过程和方式的总体设计和实施蓝图，它决定着学校教育、教学内容的方向和总的结构，是学校实现教育目的和任务的有力保证，是组织教学过程、安排教学任务和确定教学编制的基本依据，也是学校保证教学质量的最基本的教学文件。教学计划管理是教学管理的核心和主体，主要包括教学计划的制订或修订、教学计划的实施组织和检查监督这两部分。

一、教学计划的制订

在现代教育理论中，"教学计划"与广义的"课程"这一概念比较接近，其被定义为"课程是指学校按照一定的教育目的所建构的各学科和各种教育、教学活动的系统""是按照规定期限学习的学业的进程"，用工程的话说，"课程就是教育目标指向一系列学习机会的作业计划。"这个概念包含以下几个基本要素：课程是有目的的，不是自然发生的；它是一个有组织的体系，而不是杂乱无章的；它既包括学科体系，也包括其他有目的的教育教学活动体系。当代高等教育是一个多样化的体系，具体到课程体系的构建，都会由于所处社会、环境条件的不同、教育思想的不同而产生各式各样的课程系统，尽管其千差万别，但其编排、制订与实施，却都遵循一定的规则和程序，需要把思想上、观念上的东西加以具体化，经过若干过程和步骤，最终形成所期望的课程结构，这一过程或步骤就是"课程论"中的用语"课程编制"，而课程规划或教学计划设计是课程编制的核心工作。课程编制在教学计划管理中是属于高一层次、富于理论性的，需要有理性思维和创造性才能做好的重要工作，而这一点恰好是以往人们重视程度不够的问题。

（一）教学计划的总体设计

修订教学计划必须符合在校期间人才培养和成长的客观规律，也就是说要遵循这些规律或法则来修订教学计划，而这些法则或原则的提出，需要有深厚的教育理论基础研究，特别是借鉴先进的研究成果才能提出的。制订教学计划的基本原则主要有德智体等方面全面发展的原则、理论和实际相结合的原则、注重知识、能力、素质协调发展和共同提高的原则、遵循教育规律的原则、因材施教的原则、整体优化的原则。

修订教学计划需要两种模式的结合。

1. 经验演进模式

这种模式通常是在继承或借鉴经长期实践、符合教育规律的检验的基础上，并在不改变原有教学计划基本框架的前提下，做出若干改进，或加以补充，或作适当调整的做法。

2. 科学设计模式

这种模式通常是在有强烈的改革背景和环境条件下，对课程结构进行重新设计，属于打破旧模式，建立新模式的工作，其哲学指导思想是强调理性思维。

两种模式各有优缺点，在实践中常常是相互渗透和相互补充的，因此在课程编制中需明确相互结合这一点。

通常来讲，修订教学计划大体包含以下四个组成部分或四个阶段：

（1）确立培养目标和表述目标。

（2）选择和组织课程内容，并形成课程结构体系。

（3）实施教学计划，即把编制好的教学计划做实验性质的实践，把人们头脑中的教学思想观念转为物化形式——教学计划加以落实。

（4）对教学计划进行评价。其主旨是通过实施检验课程目标是否达到。

随着社会与科技的进步，培养目标的变化，上述四个阶段的内涵不断得到调整、发展和完善，在循环往复过程中，四个阶段工作又相互渗透，每个阶段在实践中都可以作为起点或突破口。

（二）培养目标的确定

高等教育培养目标是高等教育目的在不同专门化领域和不同层次高等

教育的具体化，而高等学校的专业培养目标又可以逐级分解成更低层次的目标，其实质是一个"目标体系"。各专业的教学计划和课程体系，都是以专业培养目标为基础来制订的，因而定位专业培养目标是制订教学计划的前提条件。而确定专业培养目标必须在一定教育思想和基本理论的指导下，依次把握好以下基本问题：

1. 明确制订者

培养目标及教学计划制订是组织行为，应由学校及系（院）组织有学术造诣和经验的专家，组成教学计划修订工作小组，在实施调查研究的基础上修订，并在反复、广泛征求意见的基础上形成，最终由学校（院）教学工作委员会审定。一些院校采取的由教研室"承包"的简单做法是不可取的。

2. 科学确定培养目标

确立专业培养目标，必须遵循国家教育方针，依据国家教育部颁布的各层次、科类培养目标，同时要面向 21 世纪，寻求适合我国国情并结合学校实际，体现对学生德智体等方面基本素质的全面要求，也体现不同层次、不同学校的特色。

3. 要制订出内容具体、表述规范的培养目标

专业培养目标包含以下三个方面的具体内容：

（1）培养方向。通常指通过课程和教学，该专业培养人才所瞄准的未来职业门类，如工程师、教师、医生、农艺师、律师、研究人员、文艺工作者等。

（2）使用规格。指同门类专业中不同人才在未来使用上的规格差异，如工科门类专业可分为工程技术人才、技术科学人才和管理工程人才三种使用规格，而有些专业又分为理论型和应用型两类使用规格。

（3）规范和要求。即对同一的培养方向、同一使用规格人才在德、智、体诸方面的具体要求，它是培养目标中核心和本质的东西。

专业培养目标只是对该专业所培养的人才的一个原则的描述，只能给教学计划或课程体系的编制指明一个大致的方向。因此，要使专业培养目标真正成为修订教学计划课程体系，甚至每门课程内容选择和组织的直接依据和参照，就必须把专业培养目标进一步具体化，所以在表述培养目标基本要求时，应注意表述清楚以下四个要素：

（1）对象。即阐明该目标所服务的对象，如"本专业所有学生都要……""入学前未参加过实际工作的学生要……"等。

（2）行为。特指学生要达成的能力种类或要做出的活动性质，如"掌握……""能使用……""具备……能力"等。

（3）内容。即上述行为所针对的对象，如"较强的自学能力、创新能力、适应能力""一门外国语"等。

（4）程度。在必要时要把学习的时限和所要达到的掌握水平同时表述出来。

专业培养目标的研究确定，反映了学校功能、学科、层次和水平的定位。它既能反映出学校对国家教育方针、高等教育目标的理解和创造性贯彻，又能反映出自己的办学特色和育人水平，因此应予以十分关注，在教学计划管理中，要首先抓好这件工作。

（三）课程教学内容的选择与组织

遵照上述原则，根据目标的层级性，课程及内容的选择也可分为两个主要层次：第一个层次是整个专业课程结构的研究构建，即各门课程的选择（围绕主干学科，设置课群及主要课程）；第二个层次是每门课程中的内容的选择。这两个层次之间至关重要的联结纽带就是课程结构（体系）的总体功能及其整体优化，这就要了解、掌握和符合课程内容体系发展的趋势和必然要求。

课程内容的选择并不是随意进行的，它应当遵循一些原则。一些教育管理专家就曾提出如下原则：适时原则（跟上时代步伐，防止选择陈旧内容。即防止具体知识过时和学科研究范式的过时）；完整原则（保证基本原理、原则和知识在逻辑上的连贯，保证所选择的课程内容的内在逻辑完整性）；经济原则（尽可能选择那些课时少、负担轻、学生又感兴趣的内容来达到同一目标）；实践原则；量力原则；满足原则（有利于使学生学习有满足或成功感，树立积极向上的学习动机）。课程内容的组织，一般要考虑课程要素之间的"纵向"和"横向"上的某种关系。

"纵向结构"是指课程要素在时间上的相互关联性。在时间关联性上要遵循两条原则：一是"连续性原则"，就是说课程安排要能不断地、连续地为学生达到某一个目标提供机会；二是"程序性原则"，就是说要处理好先学内容和后学内容的关系，并为此提出依据。在当前教学改革中，国内外许多高校在编制教学计划时，在课程内容的纵向安排上，打破原来约定俗成的排列顺序，进行了多种试验，创造了许多新鲜经验。

"横向结构"是指课程要素在空间上的相互关联性。主要表现在以下三个方面：

一是各学科之间的相互关联性。当代高校教学改革中所提倡的文理工渗透、跨学科课程、核心课程等，都是对学科综合化趋势的反应，也就是处理好学科之间的"统合"（指为达到一定目标而使课程要素之间在横向上产生相互作用和联系的做法）。

二是学科与社会之间的关联性。即借助以社会问题为基础的课程组织形式，达到建立完全的课程结构的横向联系的目的，如高校教育改革中很多将学习理论知识与实际运用之间紧密结合的做法。

三是学科与学习者之间的关联性。要从认识侧面，处理好内容与过程的关系（注意到培养学生掌握科学探索的基本方法和获取知识过程的重要性），处理好传授知识与培养能力的关系（选择经过理论论证并得到实践检验的能力为经纬的课程，并融入课程结构之中）。

以上三种关联的联结点是科学与社会发展的实际问题。学科、社会和学习者这三个方面若能达到某种最佳和谐状态，同时再把纵向结构中的各因素考虑在内，就有可能建立起比较理想的课程组织结构教学计划，从而大大提高教育质量。

（四）教学计划的实施及整体评价

根据培养目标而制订的教学计划仅仅是一种"预期的课程"，必须要将其拿到教学实践中去实施，以完成对所设计的教学计划的科学性、可行性的检验。教学计划实施可以有两种形式：一是小规模的实验式检验性质的实施，二是大规模推广性质的实施，前者为后者奠定基础，后者是教学计划制订的最终目的，也是前者的扩展。

教学计划实施的主体是广大教师，教学管理者要组织他们完成两项重要工作：首先，根据教学计划培养目标把本门课程在教学过程中的教学大纲编写出来，并拟定每个部分、每个单元甚至是每节课的教学目标；其次，教师应根据这些教学目标及课程内容的性质等因素，进行教学方法设计和其他教学准备。

对教学计划进行评价，旨在通过评价活动发现问题和不足，并找出其原因，从而做出相应的改进。教学计划的整体性评价大致包括以下四个部分：

（1）教学计划设计（制订）过程的评价。其依据的标准有两条，一是制订过程是否遵循了科学的原理、原则，二是编制过程是否遵循了一定的合理程序。制订教学计划的一般程序是广泛调查社会、经济和科技发展对人才的要求，论证专业培养目标和业务范围；学习和理解上级相关文件精神及规定；教务处提出本校制订教学计划的实施意见及要求；由系（院）主持制订教学计划方案，经系（院）教学工作委员会讨论审议，由校教学工作委员会审定，再由主管校长审核签字后下发执行。教学计划要保持相对稳定，并根据需要，隔若干年进行一次全面修订。

（2）对教学计划制订结果的评价。旨在检验教学计划与初衷（教育思想、目标、改革设想等）的吻合度。

（3）对教学计划实施过程的评价。旨在检验教学原则和科学合理的教学方式的选择与组合原理是否经过教师的创造性工作得以实现、高等学校教学管理还存在什么问题。

（4）对教学计划实施结果的评价。其主旨在于检查学生通过课程学习是否达到了预定的目标；其评价标准就是课程目标；其评价的主要方式则是人们最为熟悉的各种形式的考核。

教学计划的实施与评价，是课程编制中的重要组成部分。它的特殊作用与意义往往会被一些教学管理者所忽略，一些学校教学计划的修订几乎是每年都在进行，又几乎是不加任何实验试点的检验与评价，就"大面积"地在全校（院）实行"新一轮"的计划，这种做法是应予以改进的。

二、教学计划的实施与检查监督

教学计划是一个科学的、完整的课程体系，其执行并实施也应是科学、有效、一丝不苟的，既要鼓励任何一级教学管理者和教师根据教学计划反映出的科学思想去创造性地执行与实施，又要谨防和克服各种随意性，这样才能达到教学计划的科学设想和目标。因此，教学计划执行与实施过程管理的根本任务是调动教、学、管的积极主动性，以保证教学稳定、有序、高质量地进行。教学计划的执行与实施组织，主要抓好以下四个环节：

（一）编制学年或学期教学执行计划

编制教学执行计划的做法各校有所不同，有的学校按学年编制一个"课程计划"，再按学期编制一个运行计划（表）。编制"课程计划"的好处在于提前做好课程开课的各项准备工作，如教材编写（需要抓紧进度）；实验项目准备与新项目的研究开发与制作、试作、调度等准备；课程设计选题和实习场所的准备；教师教案编写、案例调研编写准备；青年教师实践锻炼的安排及培养等。在编制教学进程计划中，必须以经学校批准执行的教学计划为依据，并安排各门课程和主要教学环节的教学任务，要抓住以下几个关键性工作：

（1）要校（院）系协同，安排优秀教师上教学第一线，担当主讲教师，特别是基础课主讲教师。

（2）要为有各种特殊情况但又合理要求的教师或实验室，创造性地提供或安排较为理想的教学时间和空间，为此编制者需做大量耐心细致的调查。

（3）制订编制进程计划的程序表，明确规定编制者的任务、讨论制度、审批制度及时间要求。

（二）编制单项教学组织计划

这里所说的单项教学组织计划是指教师和有关职能部门制订或编制的某一个单项的教学活动的组织计划，如课程教学日历、实践教学安排计划等。单项教学组织计划的编制应当强调具有组织行为的一面，也就是说委托教师起草和编制，但应经过教研室（课程组）集体讨论形成，并经领导审定，因此也需要有相应的制度规定。

（三）教学计划的调整

审定后的教学计划及学年、学期进程计划以学校文件形式下发，其所列各门课程、环节的名称、学时、开课学期、考核方式、开课单位和任课教师等均不得随意改动，在执行过程中需要调整的，应严格按照审批程序执行，同时应有相应的文档管理办法。在执行过程中，需对教学计划做较大调整的专业，要对该专业的教学计划进行修订，提交经修订的专业教学计划和论证报告；有个别做调整的课程，需要提交调整该门课程的论证报告，经审核并已经排定的学期教学执行计划，不能再做调整。

（四）教学计划执行情况的检查

学校应加强对各系院所执行教学计划的情况进行监督与检查，每学期的期中教学检查工作都可将检查教学计划的执行情况作为重点检查内容。检查应针对不同层面以及不同阶段的计划实施情况实行不同方式的检查，一般以自查为基础。检查应有分析总结和恰当的反馈办法、检查制度是稳定教学运行、监督计划实施、探索教学经验和改革方略、进行教学质量监控以及最终提高教学质量的有力保证，检查可以纳入全面质量管理或质量监控系统工作之中统一规划进行。

总之，教学计划管理是一项体现学术管理与行政管理相结合特征的重要教学管理工作，决不能将其视为纯事务性、例行公事性的工作。它有很强的科学性、实践性，因而需要以现代教育思想、教育观念及其相应理论作出指导，特别需要哲学高度的理性思维和创造性；需要有长时间的、大量的比较教育研究和资料、经验积累作为基础；当然也更需要有一支教育思想水平和现代化教育管理水平比较高的教学管理队伍，尤其重要的是，要以为教师服务的理念去组织教师队伍完成编制、执行与实践教学计划，这样才能搞好教学计划管理。

第二节 产教融合视域下教学运行管理

在教学管理中，教学运行管理是按教学计划实施对教学活动最为核心和最为重要的管理，它包括以教师为主导、以学生为主体、师生相互配合的教学过程的组织管理和以校、系（院）教学管理部门为主体进行的教学行政管理，其基本点是全校协同，上下协调，严格执行教学规范和各项制度，以保持教学工作稳定运行，保证教学质量。

一、教学运行管理的重要性

管理本身是一门科学，一个单位，一个部门的工作效益的高低，除了受其种种硬件条件的限制外，管理水平也是一个重要的因素，对于保障和提高教学质量来说，搞好教学运行管理是十分必要的。教学运行主要是围绕教学计划的实施所进行的教学过程及相关辅助工作的组织管理，它也是动态的管理。

在教学过程的组织管理中，当然包括教与学两个方面，就需要双方的努力与配合。从矛盾论的角度来看，教师居于矛盾的主要方面，起着主导的作用；但从另一个角度来看，学生占学校人员的绝大多数，教学的目的毕竟是向他们传授正确的思想和科学的知识，并将他们培养成合格的人才，在某种意义上来说，教师的教学活动也是为学生服务的，因此，学校的教学活动必须以学生为主体。以教师为主导，以学生为主体，搞好教学活动，这个指导思想必须明确，教学运行工作才能搞好。

教学运行管理的总原则是"全校协同，上下协调，严格执行教学规范和各项制度，以保持教学工作稳定运行，保证教学质量"。"全校协同，上下协调"的前提当然是全校各部门（不仅仅是教务部门、学生工作部门，也包括党团组织部门、后勤保障部门以及其他诸多部门），上下各级（校级、院级、系或部级、教研室或教学组织等）机构应达成"教学工作是学校经常性的中心工作"的共识，如何进行"协同"和"协调"，都应从有利于提高教学质量的基点出发。在各个教学行政管理部门的相互协调中，教务部门应起到主要作用，教务处的工作人员也应自觉地担负起这个责任来。

一个学校的教学规范和规章制度就是为保证教学稳定运行的行为准则和协同、协调的准则。因此，是否严格执行教学规范和各项制度，体现着这个学校是否从严治校的校风与学风，并关系到能否保持教学工作的稳定运行，关系到教学质量的高低。

教学运行有其自身的规律，概括来说就是"一个计划、一个大纲（教学大纲）、三个环节（课堂教学、实践教学、科学研究训练）、五个管理（日常教学管理、学籍管理、教师工作管理、教学资源管理、教学档案管理）。

二、教学大纲

教学大纲是关于某一门课程教学目标与教学内容（包括实践性教学环节）的基本要求，它是任课教师实施教学的依据，也是检查评估其教学是否达到基本要求的依据。有了教学大纲就可以避免可能出现的教师讲课的随意性，对保证教学质量有着重要的意义。

应当参照教育部（及原国家教委）提出的课程教学基本要求，并根据本校教学实际情况组织教师自行编写适合本校使用并具有特点的教学大纲，或若干所学校相同专业的教师联手编写；有些课程也可以使用教育部门组织编写的或推荐的教学大纲。

教学大纲一经学校确定，则对课程的教学活动就具有"法律效力"，授课教师就必须严格按照教学大纲进行教学活动；有关部门要对教学内容或教学质量进行检查，包括学校组织的期中、期末考试都应以此教学大纲为依据。

因此，教学大纲的制订必须慎重，一定要符合专业培养目标及其教学计划整体优化的要求，也需要考虑学校的实际情况，如师资力量、条件、课时数额多少以及进行教学实践活动的客观条件等，从而制订出高质量的教学大纲。教材的编写和修订、实验项目的设置、实验室的建设、教学条件的配备与改善均应以教学大纲为依据。

三、教学组织

（一）课堂教学

课堂教学是学校进行教学活动最基本的形式，教师传授知识主要是在课堂上通过讲课的方式进行的。为了保障课堂教学的质量，应当对基层教学组织提出以下具体要求：

首先，选聘好授课教师。要求选聘那些学术水平高、教学经验丰富、教学效果好的教师担任主讲教师，被选聘的教师必须经过所开课程（包括实践教学环节）各个环节的严格训练。当然，在这个问题上，学校教务处应在各系（部）、教研室（教学组）选派承担教学任务的人员的基础上进行核查，核查的内容包括：所开课程的教学人员是否全部落实；这些人员是否都具有教师资格；是否外请人员，外请人员能否承担该项教学任务；如由二人或多人共同承担，阵容搭配是否合适；具有高级专业技术职务的教师是否达到学校规定的比例；新开课的教师是否进行过岗前培训或试讲，有无系统地备课等。经过教务处审查过的授课人员名单不得随意变动，如有特殊原因需要变动，须报教务处批准。

其次，教研室要组织教师认真研究所开课程教学大纲，并根据大纲的要求编写或选用合适的教材，并选定向学生推荐的参考书，然后任课教师撰写教学日历和教案。教学日历实质上是一份课程教学内容进度安排计划，要求根据教学大纲规定的教学内容及教学周数、学时数，把本课程所在学期（学年）的教学活动和教学内容加以具体地安排，以便把握教学进度，避免出现前松后紧或前紧后松甚至遗漏教学内容的现象发生。教研室主任应在校、系下达下一学期的教学任务后，对教师的上述准备工作进行检查，若发现不足，及早弥补。在教学活动开始后，教研室还应适当组织本教研室的教师开展教学观摩活动。教研室主任要坚持听课制度，对正在进行的教学活动要适当地进行教学检查，听课或检查之后要有记录和反馈，以帮助任课教师改进教学内容与方法，提高教学质量。

再次，组织任课教师研究教学方法，注意避免注入式的教学，要提倡启发式教学。采用启发式教学对教师的教学水平提出了更高的要求，它要求教师一改"我讲你听"的传统教学方式，教师要针对授课对象的特点提出问题，促使学生去思考及回答教师的提问，这不仅可以培养学生的主动思维能力，还能够活跃课堂教学的气氛，提高教学质量。

最后，教研室要积极发展计算机辅助教学、多媒体教学、电化教学等现代教育技术，利用校园计算机互联网系统，扩大课堂教学的信息量，并获取最新知识及最新科学技术成果，以提高教学质量。

（二）实践教学

实践教学环节在整个教学活动中有着重要的地位，它不仅仅是对课堂理论教学的检验和深化，而且可直接培养学生的动手操作能力，更重要的是由于理论本身来自实践，实践又往往能成为促进理论发展的巨大动力。因此，在编制一门课程的教学大纲时，对这门课程中需要开展的实践教学部分必须予以充分考虑。另外，实践教学课（环节）本身也要编写教学大纲和安排教学计划，并对该项实践教学课要达到的目标，实践教学内容、场地、器材和设备的准备以及教学过程中可能出现的问题等，均应加以规定或安排。一般来说，实践教学的课时有限，经费紧张，难以重复进行，故编写好教学大纲和教学计划就可有条不紊地进行，力争一节课下来尽量收到较好的效果。学生的毕业论文（毕业设计）可与实践教学课相结合进行，在可能的情况下，学校尽量投入一些经费，在校内外建立起学生进行业务实习或社会实践的基地，使实践教学活动更有保障。纳入教学计划的实践教学课程应当保证按计划进行，不得随意删减。

（三）科研活动

大学生在校期间参加科学研究工作，是培养实践能力和创造能力、树立为社会服务意识的综合性教学环节。学校"要采取多种形式组织学生参加科学研究工作，把课内和课外、集中和分散安排结合起来"，注意在向他们传授知识的同时，也应组织他们在教师的指导下开展科研活动，可以承担少量的社会需要的科研攻关项目，并给予物质上和经费上的保障。在我国的部分高校，特别是一些综合性大学，近两年已经开始了这方面的尝试，并取得了较好的效果。

四、日常教学管理

日常教学管理核心在于保障教学计划的严格实施，其主要工作是严格执行教学计划年度或学期的"三表"，即教学运行表、课表（课程表）和考表（考试安排表）。

（一）教学运行表

教学运行表在有的学校也将其称作教学进度计划表，其可以以学年为单位制订，也可以以学期为单位制订，制订它的依据是教学计划。它的作用有二：①它是课表的编制依据，教务科的工作人员以它为依据排出该学年（学期）的课表；②它在教学计划的执行过程中，可以避免出现漏排课或重复课的教学事故发生。之所以在教学计划之外还要制订它，是因为教学计划在实施过程中难免会有临时调整，而教学计划一旦制订出来就要相对稳定一段时间，不可能每年或每学期都变动，临时调整也不可能在教学计划上反映出来，如仅有教学计划，临时调整的课程有可能在以后的课表编制中被遗漏或重复，而有了教学运行表后即可弥补其不足，即使某一学年（学期）的课程安排与教学计划完全相同，无临时调整，编制教学运行表也是必要的，它记载了教学计划实施的实际状况，将各个学年（学期）的教学运行表累积在一起，就是这所学校教学活动的真实记录。

（二）课表

课表是全校师生教学与学习活动的日程表，也是教学计划付诸实施（专业班级、所开课程、任课教师、上课时间及地点）的具体方案，编排合理的课程表，能够保证师生的活动处于最佳的状态，并有节奏地顺利进行。编制课程表首先要有利于提高学生的学习效率；其次，要从学校的客观条件（如教室、实验室、计算机室、电化教室、运动场地等的容量，设备器材的多少等）出发，并注意能够充分利用这些客观条件；再次，有利于学校各项工作、教师教学与科研活动的全面安排、师生时间的合理分配；最后，要注意不同课程的特点，在可能的情况下，要注意并照顾任课教师合理的某种特殊要求。课表下发后要严格执行，注意检查，无正当理由或非经领导（主管校长或教务长、教务处长）批推不得调整。

（三）考表

考试是教学活动的重要组成部分，考风则直接反映一个学校的学风，而考表是严格考试管理的基础。除了考表外，还应有考场记录表，其用于如实反映某一门课的考试情况（如考试科目、参考学生班级、参考学生人数、实际参考人数、缺考学生人数、姓名及原因、监考人员姓名、考场有无异常情况等），而且考表、考场记录表随同学生试卷应作为教学档案保存起来。

校、院（或系、部）要建立教学日志制度，从开学到放假，每天都要有关于教学活动实际进行情况的记录，且由专人记录，对记录中出现的问题，领导应及时处理、解决，且处理、解决的措施及结果应记录在案。教学日志也是重要的教学档案，要长期保存。

（四）学籍管理

学籍管理和教学档案管理是一项非常严格且政策性很强的工作。学籍管理与教学档案管理之间有着密切的联系，学籍管理要建立有关档案，有的需要永久保存，而档案管理中学籍档案管理则是其中的重要内容。

学籍管理是对学生的入学资格、在校学习情况以及毕业资格的考核与管理，由于它涉及了学生的在校学习资格、学历变迁以及学习水平，所以有很强的政策性与原则性，校、系两级教学管理部门应都要具有专人负责这项工作，由于学籍状况与学校招生、分配及学位授予单位管理部门有着密切的关系，因此还要注意做好协调工作与文档工作。

教务处对学生学籍的管理，首先是要确定规范及相关制度，其次是关于学生学习状况及学习成绩、学分的管理，尤其是成绩的考核与记载必须严格认真，因为这直接关系到学生的升级与留级、降级，甚至能否毕业。为此要做好成绩卡与学籍卡，内容填写必须完整、准确、规范、及时。特别是原始记录要认真保存，如几种记载内容相互矛盾，则以原始记录为准。学籍档案内容一经确定绝对不可任意改动，若确实有误，须经法定程序批准才可改动。

（五）教学档案管理

教学档案是学校档案的重要组成部分。教学档案管理的重心在教务部门和系、部教学管理单位。教学档案是学校教学工作积累的标志和宝贵财富，是对教学过程与成绩的记载和反映，它对不断总结教学管理经验，提高教学质量有着重要的意义。因此学校应建立包括教学档案在内的档案专门保管机构，在校学生的教学档案及常用的教学档案可由职能部门（如教务处、学生处）保管。而已毕业学生的教学档案及不常用的教学档案应转交专门档案管理机构（校档案室等）保管，具有密级的档案应按保密制度要求保管。因此要健全教学档案管理制度，包括如何保管和使用这些档案。

教学档案一般应包括下列内容：教学文件（如规章制度、工作计划、实习计划、决定、通知、教学计划、教学大纲、教学日历、考试试题及学生答题试卷、学生注册名单、学生成绩卡、学籍卡等）、教务档案（如课程表、考试表、教学日志等）、教师业务档案（教学日历、改革试点方案、教学研究改革立项及成果鉴定、教学工作总结、专家与学生评价等）、学生学习档案。档案应不仅限于文字材料，也要收集音像、图片、表格等形式的档案。除学校外，院、系、部、教研室等不同级别的教学管理机构也应对自己的教学档案严格管理。教学档案要及时归类、编号、存档，且至少每年进行一次整理，不同的教学档案保存期是不同的。

五、资源管理

高等学校的教学资源有狭义教学资源和广义教学资源之分，狭义教学资源一般是指学校校舍、设施等硬件教学资源；而广义教学资源则是指学校校舍、场地、仪器设备、师资队伍、管理队伍、学校声誉、学校特色等包括硬件环境和软件环境在内的所有的资源。但其中最主要的还是师资队伍和校舍设施等资源。

（一）师资管理

做好教师工作管理的目的在于调动教师从事教学工作的积极性。基础性工作是科学地核定教师的教学工作量，要注意到不同专业（如理工科、农林医科、文史财经、政法科、艺术体育科等）、不同课程（如基础课与专业课、必修课与选修课、理论课与实践课等）、教学与教辅工作之间的差别。同时对教师的工作量完成情况必须进行检查与考核。这个"量"既包括数量也包括质量，考核不能仅仅看教学工作完成的数量，更要看教学工作所完成的质量，尤其是在教书中是否注意育人，并且还要看参与教学改革、教学研究和其他教学工作（如辅导、答疑、指导论文、批阅作业、批阅试卷等）的积极性如何。对不能胜任本职工作的教师要积极地给予帮助，对确因水平低并且难以提高的人员，应将其调离教师队伍；对缺乏师德并无改进之意的教师，要坚决予以调离。在教师队伍中必须建立起竞争机制，实行优胜劣汰。

（二）教学资源统筹管理

教学资源包括的内容是多方面的，学校（尤其是名牌学校）的牌子本身就是一种无形的资源，师资队伍也是一种重要的资源。做好教学资源管理的宗旨便在于充分利用各种教学资源。要搞好教室、实验室、场馆等教学设施的合理配置和规划建设，并充分加以利用、保证教学需要、提高资源效益。注意根据需要与可能，改进教室的功能，进而建设必要的多功能教室。

教学管理可从以下几个方面着手：第一，争取学校的上级主管部门和学校本身对教学给予充足的投入，且尽可能加强基本建设（注意合理规划），增添教学场地与设备；第二，妥善保管，精心爱护使用这些场地与设备，其关键在于完善制度并严格遵守；第三，合理地使用这些场地与设备，关键在于调节有方；第四，注意对教学资源的优化配置，学校内部的系与系之间、各部门之间，可以实行资源共享，两所或多所学校之间也可以实行互通有无、资源共享。

第三节 产教融合视域下教学质量管理

一、教学质量管理概述

（一）教学质量管理的基本概念

实行教学质量管理，首先要明确以下几个基本概念。

1. 质量和教学质量

质量就是指产品或工作的优劣程度，即对产品或有关的各项工作，以某一特定标准通过衡量得知的符合程度。质量，可以分为产品质量和工作质量，而产品的质量又取决于工作的质量。

什么是教学质量呢？一般来说，教学质量有狭义和广义之分。而狭义的教学质量，指的是课堂教学的优劣程度。如一位数学教师，在教学过程中，按照教学大纲和教科书的要求进行教学，完成一定教学任务后所取得的成绩，即教学优劣程度的一种反映。只要是按照教学大纲和教科书的要求来衡量教学优劣程度的，并且是按照教育部门的有关规定办事的，考试成绩都可以反映一定的教学质量。而人们通常所说的教学质量，多指这种狭义的教学质量。什么叫高质量？高质量就是为社会发展和经济建设服务得好，要有后劲，还要有系统的文化科学知识、很好的自学能力、崇高的思想境界、高尚的道德品质和强健的体质。而最后标准是看学生日后在社会上所起的作用，是否成为有理想、有道德、有文化、守纪律的一代新人。因此，分析一个学校的教学质量，不仅要看学生的考试成绩，还要看教职员工和干部的工作质量和学习质量。

2. 管理和教学质量管理

管理的含义目前各个学派说法不一。科学管理学派认为：管理就是效率。他们认为管理就是为了达到同一目标而协调集体作努力的过程。行为科学管理学派则认为：管理就是对人的管理。他们认为人的各种行为都产生于一定的动机。管理科学学派认为：管理就是决策。他们认为管理就是确定目标和实现目标的措施、办法，并在正确决策的前提下，找出最佳方案，提高管理效率。只要有许多人在一起共同协作劳动，就必须对劳动过程进行组织和指挥，以协调各个劳动者的活动，从而按计划达到预期的要求。这种对劳动的组织、指挥、协调的工作便是管理。

教学质量管理就是把形成教学质量的全过程和各个环节管理起来、把有关人员组织起来、把影响教学质量的各种因素控制起来、以保证在形成教学质量的过程中不出差错，或少出差错，因此逐步提高教和学的质量。所以说，实行教学质量管理是提高教学质量的一项重要保证。

教学质量不是考出来的，而是教出来的、学出来的。例如，在学生参加学期考试时，这个学期的教学质量就已经形成了，再发现问题也只能作为前车之鉴，弥补一点损失。教学过程的规律和青少年身心发展的规律告诉我们，如果平时放松了对教学工作的领导，放松了对教学质量形成过程中的科学管理而"亡羊补牢"。教学质量的形成不同于产品质量的形成，同时考试也不同于产品的事后检验。现在，考试还要进行。但工作质量决定产品质量的原理，对生产、对教学，则是同样适用的。所以，教学质量管理的重点，应当放在平时形成教学质量的全过程和各环节上，而不应当放在考试上。

（二）教学质量管理的主要内容及其分类

1. 内容

进行宣传教育，做好思想工作，充分发挥全校教职员工的聪明才智，提高他们的质量意识，从而做到人人关心、个个参加、积极主动、认真负责。

（1）建立和健全教学质量管理体系，把形成教学质量的所有人员都组织到教学质量管理体系中来，各就各位、各尽所能、各司其事、各负其责，使上下左右信息渠道变的畅通。

（2）对形成教学质量的情况要心中有数，要用数据说话，不能停留在用生动的和突出的事例来说明问题的水平上。

（3）及时发现、总结、交流和推广先进经验，以发扬先进，带动一般，督促后进。

（4）在形成教学质量的过程中，会发生各种各样的矛盾，协调各方面的关系，以解决教学质量管理工作中的各种矛盾。

2. 分类

以上四项内容是比较复杂的，往往难以全面掌握，指挥若定。根据教学质量管理的业务范围，再做如下分类：

（1）预防性质量管理

从实践中发现经验，及时总结推广，发现问题，及时研究解决，这样的管理可以防患于未然，也可以避免在升级或升学考试前再去"亡羊补牢"。由于实行预防性质量管理，即使从教学过程中发现一些缺点与错误，也能及时研究解决，这样，就可以防止和减少教学中的倾向性问题发生。所以说，预防性质量管理是稳步提高教学质量的一种可靠的保证。

（2）鉴定性质量管理

因为这是到了一定阶段后所进行的质量检查和质量分析，所以又叫做阶段性质量管理，比如新生入学，有的学校进行摸底测验或编班测验，及时了解学生在上一个学段完成学习任务的情况，并及时进行补缺补漏，就属于这一种管理；每个学年对学生德智体的发展情况进行全面的分析评定，做出相应的决定，并且总结这方面的经验教训，也属于这一种管理；对毕业班学生德智体的发展情况进行质量检查和质量分析，总结经验教训，也属于这一种管理。

（3）实验性质量管理

在教学质量管理过程中许多工作都要经过科学研究和科学实验，被证明是切实可行、行之有效的，才能逐步推广。这样，不仅能够提高自觉性，减少盲目性，学会按照客观规律办事，以免挫伤师生员工的积极性。

（三）教学质量管理的三个观点

1. 全面完成双重任务的观点

教育要面向现代化、面向世界、面向未来，为21世纪初叶我国经济和社会的发展，大规模地准备新的能够坚持社会主义方向的各级各类人才，是实行教学质量管理的根本任务。如果一个学校（院）领导干部没有牢固树立全面完成双重任务的观点，一旦遇风浪就会左右摇摆，就会偏离党的教育方针，也就不能完成这项根本任务。目前，有些学校忽视为工业、农业、商业等各行各业培养有文化、懂技术、业务熟练的劳动者，这是一种偏离党的教育方针、脱离现代化建设需要的表现。普通教育的双重任务不能偏废，必须把培养有文化、懂技术、业务熟练的劳动者，放在应有的重要地位。社会主义建设对人才的需要是多层次的，不仅需要大量的高级专门人才，而且还需要更多的中级和初级人才，所以提高所有工人、农民和全体劳动者的素质，改变目前中级、初级人才严重缺乏和劳动大军素质不适应现代化要求的状况，是一项十分重要的任务，我们应当从这样的高度来认识普通教育的地位和作用。领导教学一定要坚持德智体全面发展，全面提高教学质量，目前要重视加强基础，发展智力、培养能力、提高素质、增强体质，改变过去课堂教学单纯传授知识的偏向。

2. 预防为主的观点

众所周知教学质量不是考出来的，而是教出来的、学出来的，学校（院）领导要把教学质量管理的重点，从事后检验转移到事先预防上来。校长是否能掌握教学质量管理的重点，取决于三个方面：一是学校干部、教师和有关管理人员是否有为社会发展和经济建设献身的精神和实事求是的科学态度；二是他们是否具有相应的专业知识和专业能力；三是他们的工作质量是否达到了质量标准。一所学校教学质量的高低，基本上取决于以上三个方面的质量高低，如果学生都是择优录取的，设备也是比较好的，这三方面的质量就是决定的因素。

3.树立用数据说话的观点

为了正确地开展教学质量管理，就需要把说明质量水平的各种事实数据化，这样，才有可能用统计学的方法来判断质量优劣，并分析其原因，找出主要矛盾，以便采取切实可行的措施。由于影响教学质量的因素很多，所以在综合整理数据的过程中，要去粗取精、去伪存真，才能如实反映教学质量。

（四）教学质量管理的四条原则

1.坚持思想政治工作领先

学校（院）领导是师生员工的带路人。一所学校能否按照党中央和国务院指引的方向前进，并把学校建设成为社会主义精神文明基地，要看学校（院）领导能否做好思想政治工作，能否对于来自校内外的不良影响采取有力措施加以防止和抵制。近些年来，在教育质量管理过程中，出现了忽视学生德智体全面发展的倾向。重视知识传授、忽视发展能力的倾向，在一些学校还表现得比较严重，是否能够及时克服，也要看学校（院）领导能否做好思想工作。

在实行教学质量管理的过程中，只有加强思想政治工作，才能保证坚持四项基本原则，才能保证把党的路线、方针、政策贯彻到底，才能充分调动一切积极因素，从而保证全面完成党和国家交给学校的任务。由于教学质量管理工作是由人来做的，而且管理的主要对象是人，人的行动又是受思想支配的，这就决定了思想政治工作的领先地位。思想政治工作的领先，一方面是为了把党的政策变为群众的自觉行动；另一方面是为了用先进的思想教育群众，并带动广大群众沿着社会主义道路不断前进。

在教学质量管理工作中，应该明确思想政治工作的地位和作用，应该明确在新的历史时期加强思想政治工作的重要性，也应该明确，在学校里思想政治工作不能离开以教学为中心的轨道而孤立地进行。这是因为我们党的思想政治工作，首先是为了坚定、鼓励和激发人们改造客观世界的信念、热情、毅力和斗志、如果思想政治工作停留在只讲认识世界、不讲改造世界、不动员群众去实践这个改造，那么，它就是只讲空话了。因此，思想工作还要结合业务工作进行，也要结合日常管理活动进行。

2.坚持教学为主

学校以教学为主，这是由学校本身的性质、任务决定的，教学是学校的根本任务，就像生产是工厂的根本任务一样，否则学校就不称其为学校了。学校的这种性质任务决定了教学工作是学校工作的中心，以教学为主和把坚定正确的政治方向放在第一位是辩证统一、相辅相成的，长期的教育实践证明：学校把坚定正确的政治方向放在第一位，不仅不排斥学生学习科学文化，相反，政治觉悟越高，为革命学习科学文化就应该越自觉、越刻苦。

3. 坚持实事求是

实事就是客观存在着的一切事物，"是"就是客观事物的内部联系，即规律性，"求"就是我们去研究。实行全面教学质量管理，对不少学校（院）领导来说，还是很不熟悉的，不熟悉，就要努力学习、刻苦钻研、认真探索，从而逐步熟悉起来。在这个过程中，新情况和新问题会不断出现，甚至会遇到挫折和失败，这都不足为怪。目前值得重视的一个问题是，在学校管理工作中，存在着"重经验，轻理论"的问题，因而妨碍了广泛深入地开展科学研究和科学实验，只要这个问题解决了，学习科学理论指导学校管理实践的自觉性就会提高，工作中的盲目性就会减少。理论同实践相结合，就能从实际出发，"找出周围事物的内部联系，作为我们行动的向导"。

4. 坚持民主集中制

民主集中制是马列主义政党、社会主义国家和人民团体的根本组织原则，党领导的社会主义学校，也必须坚持这一条原则。许多学校之所以能够形成生动活泼的政治局面，充分发挥师生员工的聪明才智，把学校办好、管好，一个重要原因就在于坚持了民主集中制。"建设高度的社会主义民主，是我们的根本目标和根本任务之一，""社会主义民主要扩展到政治生活、经济生活、文化生活和社会生活的各个方面，发展各个企业、事业单位的民主管理，发展基层社会生活的群众自治。"这是党的十二大明确提出的要求。我们要坚定不移地为实现这个要求而努力奋斗，许多学校师生员工心情舒畅、干劲倍增，就是发扬社会主义民主所出现的新局面。但是，不能只要民主，不要集中，只要自由，不要纪律，否则，连正常的教学秩序都无法保证，还谈什么教学质量管理呢？如果不坚持民主集中制，即在民主基础上的集中和集中指导下的民主相结合的制度，那怎么可能实现教学质量管理的要求呢？用这个观点来看问题，学校行政干部实行教学质量管理，目前应当强调以下几点：

（1）要坚持个人服从组织、少数服从多数、下级服从上级、全党服从中央的原则。全党服从中央是维护党的集中统一的首要条件，是贯彻执行党的路线、方针、政策的根本保证，也是在政治上、思想上同党中央保持一致的重要条件。

（2）集体领导必须和个人负责相结合。要明确地规定每个领导成员所负的具体责任，做到事事有人管、人人有专责，并实行质量责任制。

（3）要坚持领导与群众相结合。学校（院）领导要继承和发扬党的优良传统和作风，与群众同甘共苦，保持着最密切的联系，不能脱离群众，凌驾于群众之上。在新的历史时期，新情况和新问题不断出现，不论是决策与计划、组织与实施，还是检查与指导、总结与改进，都要从群众中来，到群众中去。

（五）全面管理与片面管理的区别

实行教学质量管理，学校是多起来了，但是效果不同。有些学校大幅度、大面积地提高了教学质量；有些学校加班加点，加重师生负担，却没有什么起色，把考试和统计考试成绩当成教学质量管理主要手段的学校，现在仍不少，其原因固然是多种多样的，但着眼点不同则是主要的。

教学质量管理应该从何着眼呢？国内外的先进经验都告诉我们，应该从全面的教学质量管理着眼。不仅要把影响教学质量的各种因素控制起来，而且要把质量预测、质量检查、质量统计、质量分析、质量服务等方面的人员，组织到教学质量管理系统中来，使其职责分明，按照提高教学质量的计划，有节奏地进行工作。实行全面教学质量管理，还要把班主任和学生课代表组织到学习质量管理系统中来，要能经常获得指挥效果的反馈信息，使上下左右渠道畅通使其都能按照质量标准努力完成任务。

着眼点明确了，再从全面教学质量管理与片面教学质量管理的区别上多加注意，就可避免由于片面性所带来的损失。那么，这两者之间有哪些区别呢？

（1）全面教学质量管理是管教学的全过程和各环节，管学生的身心健康发展；片面的教学质量管理，则把教学过程仅仅当成是传授知识的过程，只管掌握知识多少、分数高低，不管其他。为什么一定要管教学的全过程呢？这是因为教育目的和培养目标是通过教学过程来实现的。从本质上来看，教学过程是教师根据一定的教育目的和要求来引导学生逐步认识客观世界的过程，是教师把人类已知的科学真理创造条件转化为学生的真知，同时引导学生把知识转化为能力、信念和行为习惯的过程，也是使学生身心得到全面培养和发展的过程。因此，在教学过程中是否重视学生德、智、体等诸方面都得到发展，关系学生的一生，是关系社会主义学校的目的任务问题，也是关系我们国家和民族前途的大事，所以，必须管教学的全过程。这就是两种教学质量管理的本质区别。

（2）教学过程是由教师、学生、教学内容和教学手段构成的，这四个方面是互相联系、互相制约、互相促进的，缺少任何一方面都不能构成教学过程。所以全面教学质量管理就要构成教学过程的各个方面，片面教学质量管理往往只强调一个方面而忽视其他方面。

（3）片面教学质量管理只把统计考试成绩的教务人员当成质量管理人员，而且管理与教学都是孤立地进行的。全面教学质量管理则要把全校教职员工组织起来，建立一整套教学质量管理体系。两者的区别就很明显了。

注意这两种管理的区别，对于辨别管理工作和教育思想中的是非都是很有好处的。

由此可见，从简单孤立地统计考试成绩发展到全面的教学质量管理，不仅是概念上的更替，而且必然会带来各方面关系的变化和组织上的变革。因此可以说，实行全面的教学质量管理是一场管理思想、管理组织和管理体制上的改革，对不少学校来说，如不经过这场改革，是难以尽快适应现代化建设需要的。

二、以提高教学质量为重点，实施全面质量管理

培养适应经济社会发展需要的高质量人才，提供使学生、家长和社会满意的教学质量保证，是高校追求的目标。根据全面质量管理的基本思想，高校全面质量管理的实施，必须在管理体制、管理人员、管理策略、学校办学理念等方面下功夫。

（1）在学校内部管理体制上，为了培养高素质、复合型人才，成立文理学院是一种值得尝试的体制。文理学院集人文科学、社会科学、自然科学等基础教育为一体，对于培养学生的综合素质起着极其关键的作用。大学新生入学后，先进入文理学院学习1～2年，以培养他们的人文素质和科学素

质，这一体制保证了学生在学习能力、技术素质、社会交往能力等方面的全面发展。为此，还要相应调整现实按学生数量分配院（系）教学经费的管理办法，以利于推动这项改革的顺利实施。

（2）在管理方法上，注重调动全体教工及各部门的管理力量，使全员参与管理。教学质量管理不仅仅是教学管理部门和教学管理人员的工作，全校师生员工都责无旁贷，其中，教师和学生的作用非常重要。

为了激发教师提高教学质量的热情，要比照国外的做法，并按照教学需要设置岗位，并在全国乃至全世界范围内公开招聘，经过严格考核，择优录用。在新教师上岗后的 6 年内，每年都可以参加永久教职岗位竞争，通过考核后就可以获得终身岗位、若 6 年后不能取得终身教职，就将被辞退。这样一种严格的选聘制度，可以保证教师总体素质不断提高。

（3）在管理策略上，要不断进行创新，如在高校的管理过程中，尽量听取专家的意见是一条很重要的策略，因为专家是最了解学科及其标准的正确界定的人，他们具有学科领域的前沿知识。

对大学办学资质和水平进行社会评估及对教师进行的考评，也是提高高校管理质量的策略。由独立的、权威的教育评估机构以科学的方法对高校进行评价，对高校的定位起着重要的指导作用。高校可以根据评估结果实行自我约束，合理定位，自主设置具有特色的学科专业，以适应多规格人才市场的需要。对教师的规范考核有助于教师不断提高学术水平、保持学术地位并进行科学研究、指导学生，这在客观上促进了教学水平的提高。

对学生而言，富有挑战性的学习是最具有吸引力的，高校在设置课程时要注意课堂学时、作业、课程实际训练的分配。一般来说，学生对课堂讲授兴趣不高，只有通过亲自进行研究才会使他们对知识产生更加深刻的认识，在高等工程教育中尤其如此。在美国，一流大学的课堂教学学时较少，但需做大量的作业，并规定通过网络交作业，一旦超过时限，接受作业的信箱就会关闭，在课程设计训练中，学生要分组承担设计任务，通过查阅治疗、小组讨论、分工协作来完成任务。在这些过程中，如被发现有作弊现象，将得到不良记录，这会影响学生成绩、升学乃至就业，这样的要求不仅有助于学生学习能力的提高，也有利于形成良好的学风。

（4）在办学理念上，提出明确的办学目标和办学指导思想，促进教学管理水平的提高。蔡元培先生在任北京大学校长期间，明确大学办学宗旨："大学者，研究高深学问者也。"在学术上，他主张"兼容并包""思想自由"；南开大学创始人张伯苓先生则明确提出"文以治国、理以强国、商以富国"的办学理念；清华大学坚持梅贻琦先生倡导"自强不息，厚德载物"的校训。这些观念形成了各自鲜明的办学理念，也成为一个学校全体师生共同的价值追求，培养了一大批时代的精英；同时，也促使学校在师资队伍、管理服务、条件建设、人才培养等方面不断改进，使教学质量和教学管理水平全面攀升。

三、周期性教学质量评价

要大幅度提高教学质量，必须深入开展周期性教学质量评价，从不同层次、不同侧面对教学质量进行深层次、多角度的"会诊"、评析，从而以发现影响教学质量的隐性、关键、重大的问题，进而采取针对性的、切实有效的措施，使改进和提高教学质量。教学评价是教学管理的重要手段，因此高校各级管理人员和教师要充分认识教学评价在教学管理中的作用。

（一）高等学校教学质量评价的类型

若根据教学评价的组织者（主体）来分类，可将我国教学评价区分为学校自行组织的自我评价、教育行政部门组织的评价和社会组织的评价三种类型。

学校自行组织的自我评价，即学校内部的评价。它可以是专业（学科）的综合评价，也可以是单项教学评价或选优评价。其目的是促进学校的内部调节、改进教学工作、推动教学改革、提高教学质量。

教育行政部门组织的评价，包括学校、专业的合格评价，学校、专业以及各单项教学水平的评价、选优评价（估）。且按照"以评促建、以评促改、评建结合、重在建设"的原则，促使高校达到确保基本教学质量的目的。

（二）周期性教学质量评价的主要内容

1. 教学计划（人才培养方案）评价

根据学校办学定位和人才培养目标，应参考定期毕业生质量调查反馈信息，进行教学计划评价。随着教育教学改革的不断深化，教学计划的更新与评价周期越来越短。

2. 学校、院（系）教学工作评价

根据国家教育部教学工作评价方案（包括评优、合格、随机水平评价），需制订学校、院（系）教学工作评价方案，并进行自我评估。

3. 课程质量评价

包括理论课、实验课、各类实习、课程设计（学年论文）、毕业设计（论文）等，学校应组织开展课程合格评价和优秀课程质量评价，并确定优秀课程有效期及学校开展评优课程相关事宜。

4. 教师教学质量评价

包括对教师的教书育人、业务水平、课堂讲授、组织教学、教学效果的全面质量评价，并确定教学质量优秀、良好、合格、不合格，也要确定评价有效期及学校每学年进行评价的相关事宜。

5. 学生学习质量评价

对学生的知识、能力水平及综合素质的评价。

6. 毕业生质量评价

对毕业生质量进行阶段性的调查，并在此基础上进行阶段性整体评价和累积性比较评价。

7. 教学成果评选

根据学校实际情况，在一定周期内进行教学成果评选，从而促进教学改革，提高教学质量。

（三）开展教学质量评价的原则和基本方法

1. 明确指导思想

贯彻"以评促建、以评促改、评建结合、重在建设"原则，明确评价本身不是目的，评价的目的是改进教学，提高质量。

2. 加强组织领导

校和院（系）应成立评价领导小组和评价工作小组，有条件的也可成立评价专设机构（评价办公室或教学质量管理科）。

3. 制订适合本校的各类评价方案

制订科学的评价方案是保证评价效果的前提。学校要在国家有关文件的精神指导下，借鉴国内外同类学校的经验，并结合本校实际情况，科学设计评价指标，完善评价方案，为完成预定的评价目标而服务。

4. 组织评价专家组

专家组成员由教授、教学研究学者、教学管理专家、有关企事业单位的代表等组成，同时有条件的还可以请校外专家参加。

5.制订奖励政策和措施，推动教学质量评价

尤其对教师教学质量评价、优秀课程评价等的优胜者，学校应给予精神及物质上的奖励，并在有关人员职称评聘、职务晋升等方面给予政策上的倾斜。

6.日常教学质量管理与周期性教学评价相结合

教学评价的目的是为了提高教学质量，因此，周期性教学评价要与日常教学质量管理紧密结合起来，并将教学评价中总结出来的比较成功的、有效的经验更好地应用于教学之中，形成制度和传统，从而使之固化下来；对评价中发现的问题和薄弱环节，应制订切实有力的措施，在日常教学质量管理中加强建设，予以克服。

参考文献

[1] 秦凤梅. 职业教育产教融合质量评价探索 [M]. 重庆大学出版社有限公司，2021.12.

[2] 蒋新革. 新时代高职产教融合路径研究 [M]. 广州中山大学出版社有限公司，2021.04.

[3] 黄佳. 产教融合一体化育人策略与实践 [M]. 中国原子能出版社，2021.07.

[4] 张华，朱光耀，易忠奇，冉成科. 校园＋产园智造工匠产教融合培养研究与实践 [M]. 北京理工大学出版社有限责任公司，2021.04.

[5] 孙连京. 高校教学管理理论与实践 [M]. 南昌：江西高校出版社，2019.07.

[6] 孙博玲. 基于"新国标"的新工科产教融合人才培养模式研究 [M]. 北京：中国纺织出版社，2021.02.

[7] 马洪奎. 搭建产教融合平台深化新时代应用型传媒人才培养改革 [M]. 重庆：重庆大学出版社，2021.08.

[8] 郭红兵，王占锋，张本平. 产教融合校企合作高校建筑类特色专业群建设的研究与实践 [M]. 北京理工大学出版社有限责任公司，2021.01.

[9] 梁丽肖. 教育信息化背景下高校管理机制探究 [M]. 吉林人民出版社，2021.05.

[10] 鲁武霞，沈琳. 混合所有制"共享工厂"高职产教融合的新模式 [M]. 南京河海大学出版社有限公司，2021.12.

[11] 柏芳燕. 构建产教融合生态圈的研究与实践 [M]. 中国原子能出版社，2020.05.

[12] 刘慧. "互联网＋"背景下高校教学模式创新研究 [M]. 沈阳：沈阳

出版社，2019.12.

[13] 祝木伟，毛帅，赵琛.产教融合型实训基地建设与评价研究 [M]. 中国矿业大学出版社有限责任公司，2020.

[14] 王云雷.产教融合：中国职业教育发展的关键路径 [M]. 北京：团结出版社，2020.06.

[15] 王忠诚.利益共同体视域下高职院校深化产教融合的实践探索 [M]. 长春：东北师范大学出版社，2020.06.

[16] 徐健，周士浙.智能＋背景下的产教融合模式建设水平提升研究 [M]. 沈阳：辽宁大学出版社，2020.09.

[17] 娄小韵.产教融合背景下学前教育专业人才培养模式研究 [M]. 长春：吉林人民出版社，2020.10.

[18] 刘平国.产教融合视域下高职院校"课程思政"理论与实践研究 [M]. 湘潭：湘潭大学出版社，2020.09.

[19] 程宇欢.高校教育供给侧改革与人才培养模式创新 [M]. 中国纺织出版社有限公司，2022.04.

[20] 刘平雷，赵倩，周林.产教融合专业学位研究生教育的理论与实践 [M]. 南京河海大学出版社有限公司，2022.05.

[21] 瞿立新，钟伟跃.高职教育与外商投资企业人才供求关系研究以无锡高新区为例 [M]. 北京：中国纺织出版社，2022.03.

[22] 黄艳.产教融合的研究与实践 [M]. 北京：北京理工大学出版社，2019.08.

[23] 唐新贵.基于互联网生态助推产教融合发展 [M]. 中国财富出版社，2019.11.

[24] 许士密.行业学院模式下地方高校产教融合专业群建设研究 [M]. 青岛：中国海洋大学出版社，2019.04.

[25] 蔡贻象，张艳超.专创一体产教融合区域应用型高水平本科院校实践探索 [M]. 沈阳：东北大学出版社，2019.12.

[26] 赵金玲.校企合作、产教融合培养高素质应用型旅游人才 [M]. 北京：旅游教育出版社，2019.03.

[27] 吴志兴.地方高校工商管理专业应用型人才培养模式研究 [M]. 沈阳：

辽宁大学出版社，2020.09.

[28] 郭杰，朱志坚，陶红 . 产教深度融合背景下广东高职教育发展创新与实践 [M]. 长春：北方妇女儿童出版社，2017.12.

[29] 鲍桂楠 . 当代高职院校改革发展研究 [M]. 徐州：中国矿业大学出版社，2016.12.

[30] 汪文娟，何龙，杨锐 . 高校教育管理创新研究 [M]. 北京：北京工业大学出版社，2018.12.